…I
…HO
朝日選書
808

土一揆と城の戦国を行く

藤木久志

朝日新聞社

目次

図版／フジ企画

土一揆と城の戦国を行く

藤木久志

はしがき

『飢餓と戦争の戦国を行く』（二〇〇一年）を朝日選書にまとめてから、もう五年になる。ただ、その後も私は、この飢餓と戦争という主題に、さらにこだわりを深めて、今日に至っている。

世界の各地に広がり続ける、深刻な内戦の戦場と、あいつぐ難民たちの運命に想いをはせるとき、つい武将の合戦という目だけで見がちな日本の戦国時代の村を、「内戦の村」という目で、掘り下げてみたいという願いは、いまもまだ、私の作品の主題であり続けているからである。だから、この本も、右の作品集の主題をさらに深めようとした「続編」、と呼ぶ方がふさわしいかも知れない。

この本では、およそここ五年ほどの私の作品の中から、八編だけを選んで、主題を大きく二つに分けて、新しい作品集を編んでみた。前半は、土一揆《つちいっき》と飢餓と戦争が焦点であり、後半は、戦場の村と城が焦点である。

前半は、「I　土一揆と戦争」である。そのうち、一の「土一揆と村の暴力」と、二の「一向一揆と飢饉・戦争」は、よく知られた徳政一揆と一向一揆を、あいつぐ飢饉と暴力と戦争の中で、あらためて追ってみた。
三の「戦国の村の退転」は、飢餓と戦争に苦闘（退転《たいてん》）する、内戦のなかの関東の村の姿を丹念に追ってみた。四の「戦場の村の記憶」は、激しい戦場の田畠の略奪と飢餓を語り伝えた、一編の異色の軍記に、村の戦場に寄せる生々しい戦国の記憶のあとを辿ってみた。

後半は、「Ⅱ　戦場の村と城」である。五の「戦国九州の村と城」は、北部九州を主なフィールドとして、戦場をしたたかに生き抜く村の姿と、村の城の実像を追ってみた。その現地を歩くことで、偶然にも「村の城」の復原ができたのは、嬉しいことであった。六の「内戦のなかの村と町と城」は、シンポジウムを機に、両総（千葉県）をフィールドとして、内戦を生きる村と町の姿を探ってみた。七の「戦国比企の城と村」も、やはりシンポジウムを機に、戦国の比企《ひき》地方（埼玉県南部）をフィールドとして、十五世紀半ばにはじまる内戦の時代の、したたかな村の力と城主の関わりを探ってみた。

最後の八の「山城停止令の発見」は、内戦の時代に、領主から村や町までが、それぞれ地元の山の上に築いて、厳しく身構えていた無数の山城の、その後の行方が主題である。「山城停止令《やまじろちょうじれい》」という、これまでまったく知られることのなかった、秀吉の築城権の剝奪によって、多くの山城が消滅して行く「戦争から平和へ」という大きな歴史の転換の過程について、各地に埋もれてきた「山城停止という伝承」を発掘することによって、追ってみた。この「幻の山城停止令の発見」は、じつに多くの方々のご教示のお陰であった。

Ⅰ　土一揆と戦争

一　土一揆と村の暴力

はじめに

二〇〇四年、朝鮮近代史家の趙景達《チヨキヨンダル》氏は、日本近世史家の須田努氏の著作『「悪党」の一九世紀――民衆運動の変質と〝近代移行期〟』(1)を高く評価して、こう論じた。

同書は、十九世紀に「正当かつ正統な百姓一揆の作法」が崩壊していく様相と、民衆運動の暴力性を深く読み解き、世界史的な普遍性のうえに日本近世史を位置づけた、と(2)。

評者の趙氏によれば「民衆運動が暴力的となるのは、世界史においては普通のこと」であり、これまで日本近世史の研究で語られ続けてきた、「正当かつ正統な百姓一揆の作法」という民衆運動論は、まるでゲームのようにじつに穏和で、結果的には「日本の特殊性を強調することにしかならなかった」というのであった。

この趙氏の鋭い論評を読んで、日本中世史を学ぶ私にも、すぐに思い当たることがあった。これまで一貫して日本中世の諸一揆の体系的な再検討を進めてきた神田千里氏が、二〇〇一年に、その論文「土一揆像の再検討」(3)で、中世後期の土一揆《つちいっき》(徳政《とくせい》一揆)を「秩序ある中世民衆の村落結合の産物」とだけみる通説を批判して、こう問題を提起していたからである。

すなわち、土一揆というのは「一五、一六世紀に特有の現象」で、「特に応仁の乱前後の数十年に偏って集中的に見出される現象」であり、「(これまでの日本中世史の通説のような)典型的な村ぐるみの土一揆は、決して圧倒的な多数派ではない」と指摘して、「村落結合による土一揆のみが典型的土一揆とは必ずしもいえない」のではないか、というのが神田説の焦点であった。

この神田説の発想の直接の背景には、土一揆は十五、十六世紀にあいつぎ、それらの起こった年のほとんどに、不作・疫病など、深刻な災害の発生があった、という痛切な認識があった。

その認識を前提として神田氏は、当時の社会では、凶作や飢饉を理由として、地方から京都に流入し、都に集中する権力や有徳人《うとくにん》に、施行《せぎょう》などの救済を求める「流民《るみん》」が多数にのぼっていたこと、くりかえし「徳政」を求める土一揆の群衆には、これら「流民」も数多く含まれており、その「流民」たちによる「仁政」すなわち施行の強要や、「徳政」などの大義名分に依拠した「略奪」があったこと、などの事実が鋭く指摘されていた。

ここで日本中世史の通説とされる、「典型的な村ぐるみの土一揆」というのは、あたかも日本近世史の通説である、「正当かつ正統な百姓一揆の作法」に対比されるような、「整然たる秩序と統制力をもった村人たちの一揆」を意味していたのであった。

私が須田氏の論証と趙氏の論評とに注目したのは、まさにこの通説の焦点の再検討を共通の関心とする、神田氏の鋭い問題提起に、共感するところが多かったからである。

たとえば、日本中世史の研究では、十五、十六世紀の土一揆（徳政一揆）をすぐれた民衆運動として高く評価し、土一揆は自律性ある物村《そうそん》を単位に整然と組織され、債務証書を土倉《どそう》に迫って一人ひとり確認した上で破ったとか、[4]土一揆による放火や略奪は不測の逸脱にすぎず、ほんらいの土一揆は、たしかな統制ある行動をとっていた、[5]などと論断し、村落に結集した民衆運動に深く肩入れし、その暴力を「不測の逸脱」として目をつぶり、排除するのが、これまで多くの中世史の研究者を引き付けてきた、通説の典型であった。

神田氏の提示した「土一揆像の再検討」というのは、このような日本中世史の土一揆像の通説に再検討を求める、鋭い問題提起であり、神田氏は、次いで新著『戦国乱世を生きる力』[6]でも冒頭に、あえて「土民の蜂起」の章をすえて、この問題を真っ向から取り上げ、さらに深く追究していた。

以上のような須田氏や趙氏、神田氏の問題提起に強く引かれたのは、私にもこれに共感する大きな理由があったからである。じつは、この神田説に先立って、およそ十年がかりで、中世の気象災害情報（地震を除く）のデータベースの手作りに努めてきた私は、一万項目を超える豊かな災害情報[7]をもとに、飢饉難民・土一揆＝徳政一揆・足軽の三者の関係について、応仁の乱（一四六七〜七七年）に至る十五世紀の前半にあいついだ一連の土一揆に、一貫してひそむ暴力性に注目して、もっぱら京都に流民となった飢饉難民の側から、その実態と背景を、詳しく論じていたのであった。[8]

神田氏による土一揆と飢饉の深い関係の論証にも、私のデータベース（初版）[9]が引用されていた。

このような関心から、ここでは、歴史の中の暴力論の一環として、「日本中世の暴力論」の動向について、全体を二つの節に分け、「1　都市の土一揆の暴力」では、まず、中世の政権都市・京都を焦点として、先に私の論じた、土一揆暴力論の要点だけを、あらためて紹介することからはじめよう[10]。

次いで「2　中世村落の暴力」では、中世日本の土一揆の暴力を評価する上で重要な、社会的背景ないし土台として、自力救済世界としての中世村落の自検断《じけんだん》の暴力性について、「村の自力」「村の武力」論を焦点とする、私のいくつかの旧著[11]の要旨を紹介し、あらためて検討に供することとしよう。なお、以上の事情から、出典史料の詳細な注は、かつての私の著作にゆずり、この章では本書末尾に掲載した注に略記するにとどめる。

1　都市の土一揆の暴力

飢餓と土一揆の暴力

「夏が来なかった時代」

私の手作りデータベース気象災害情報によれば、[12] 応仁・文明の乱（一四六七～七七年）に至る十五世紀の半世紀は、凶作と飢饉のあいついだ、中世社会の中でも、ことに深刻な飢餓の時代であった。

ごく最近、科学史の側からの詳しい情報紹介によれば、一三〇〇年ごろから一八五〇年ごろまでは、約五五〇年にわたった地球規模の「小氷河期」とされている。そのピークは、①一三五〇年前後、②一五〇〇年をはさむ一〇〇年ほど、③一六五〇年以後七〇年ほど、という三つの時代に分けられる、という。[13]

つまり、この応仁・文明の乱をはさむ一世紀は、じつにこの②のピークにあたり、もっとも寒冷な気候が続いた厳しい時期の一つ（「夏が来なかった時代」）、と報告されているほどである。

その「夏が来なかった時代」ともいわれるほどに、農耕で生きるにはまことに苛酷な、寒冷な夏の続く時代に、諸国の飢饉難民たちは、はじめは「山・野・江・河に亡民充満す」といわれ、[14] 近隣の山野河海《さんやかかい》に食物を求めて殺到していた。

都市を目指す飢饉難民

しかし、それも尽きると、「亡民」「貧人」たちは大きな流れとなって京都を目指し、物乞いするこれらの飢饉難民たちは、「乞食」と呼ばれて都に充満している（「諸国の貧人上洛し、乞食充満す」[15]といわれていた。この、周辺から都への多くの流民たちの一極集中が、さらに都にも「流入型飢饉」とまでいわれる、二次的な飢饉をも引き起こしていたことが、鋭く指摘されている。[16]

地方（村落）から都市へ向かう、飢饉難民の奔流のすさまじさは、当時の京都や奈良の貴族たちの日記に満ちている。

たとえば、嘉吉《かきつ》三年（一四四三）の大飢饉では、諸国で大洪水・旱魃《かんばつ》があいつぎ、京では「天下飢饉し、悪党充満す」[17]といわれ、夜ごと土倉《どそう》・酒屋（高利貸）が襲われ放火されて、それは「みな強盗のせいだ」とか「またも徳政《とくせい》か」といわれていた。京の貴族たちにとっては、「悪党」も「強盗」も債務破棄を号する「徳政」も、みな同じ飢饉難民たちの暴力、とみえていたことがよくわかる。

その暴力的な実践行動のいずれもが、大飢饉により都に流民となって充満する難民たちの、生き残りをかけた必死のサバイバルの道でもあった、と貴族たちがみていた、という事実も注目に値しよう。

なお、十六世紀の西欧の食料暴動でも、たえず増加し集積し続ける都市への乞食が、都市細民の列に加わって、大規模な暴動つまり略奪や殺人で活躍しているのは、よく観察されている、といわれている。[18]

「悪党」も「強盗」も「徳政」も同じことだというのは、その二年前の嘉吉元年（一四四一）以来の、貴族たちの共通の認識であった。この年も「日本大飢饉」とか「天下一同ハシカ病」といわれていた。

土一揆は、都に周辺諸国から押し寄せる、飢饉と疫病による難民たちの奔流を呑み込んで、「四辺の土民蜂起」とか「土民数万」といわれ、彼らはきまって八月以降の秋の収穫期を機として、武装して蜂起し、地方から収穫物（年貢・商品）の集積される京の町を封鎖して、都にも二次的な「流入型飢饉」を引き起こし、日ごとに高利貸（酒屋・土倉・日銭屋《ひぜにや》・寺院など）を襲って、幕府の「徳政」令を勝ち取っていたからである。(19)

しかし徳政令が出ても、「土一揆なお愁訴《しゅうそ》（異議申し立て）を含む」といわれ、(20)飢餓のさなかに生き残りをかけた、土一揆の人々を満足させることはできなかった。悪党と強盗と徳政一揆が一つにみなされる理由は、ここにあった。

「徳政と号する」

これより先、「天下大飢饉」「諸国悪作、大飢饉」のさなか、のちに日本で初めての土一揆だといわれた、(21)正長《しょうちょう》元年（一四二八）八月の、やはり収穫期に始まる土一揆も、その行動ぶりは、のちのそれと同じ、いわば暴力的な土一揆の原型となり、起点となった。

すなわち、もとは京都の周縁＝近江（滋賀県）にはじまったという正長の土一揆の、都での行動の情報は、たとえば①「私《し》徳政が発向《はっこう》した」(22)とか、②「徳政と号して所々を乱妨《らんぼう》した」(23)とか、③土一揆が狼藉《ろうぜき》した」、④「土一揆が放火した」(24)とか、⑤「土一揆の衆が所々の倉を破った」とか、「酒屋・土倉・寺院を破却し、雑物《ぞうもつ》を略奪した」[25]とか、⑥「御徳政と号して悪行《あくぎょう》をいたす」[26]などという、じつに多彩な暴力に満ちていた。

右の①〜⑥で明らかなように、その暴力の正当性を主張しようとして、「徳政と号した」土一揆の行動の実態は、じつは軍隊の出動まがいの「発向」といわれたり、戦場の略奪まがいの「乱妨」「狼藉」「放火」「倉を破る」「悪行」など、口頭では正当な「徳政」を標榜しながら、現実の行動では、自力で強行する「私徳政」＝土一揆の、激しい暴力的な行動であった。

すでに「日本で初めて」といわれた正長の土一揆から、その行動は悪党と強盗と徳政一揆との区別もつかないほど、とみられていた。

それだけではなかった。幕府は私徳政の土一揆を抑え込もうとして、軍隊を動かそうとするが、その一方で、ほかならぬ幕府方の軍の雑兵《ぞうひょう》たちまでが、暴力まがいの都の徳政状況に便乗して、独自に酒屋・土倉に乱入・狼藉したり、ときには土一揆に合流して、暴行をくり返したため、それを重ねて厳しく取り締まらざるをえなかった。[27]

これをみれば、じつは土一揆には幕府方の雑兵たちも合流している、と幕府自身もみていたことは明らかである。というより、都を荒らし回っていた幕府方の末端の雑兵たちも、その実態は、都に充満し土一揆に合流していた流民＝飢饉難民たちと、もともとは区別がつかない、出自のよく似た存在であったとみるほうが、おそらく現実に近い。

つまり、こうした流民的な軍隊の雑兵たちの、都を荒らす暴力の行使が、さきの①〜⑥のような、土一揆の多彩な濫妨《らんぼう》狼藉ぶりを、明らかに加速させてもいた。

その彼らも、その行動を正当化しようとして「徳政と号した」という。その事実のもつ意味を考えるには、民衆がふだんは非合法で「正しくない」とされている自分たちの武力を、正しく意味のあるものと考えた根拠について、それは「自分たちは伝統的な権利慣行を擁護しているという信念」であり、「広範な共同体のコンセンサスによって支持されているという信念」であった、というスザンヌ＝デサンの指摘が、有力な参考になるであろう(28)。

土一揆にとって、「徳政と号する」のは、彼らの伝統的な権利慣行であるとみなされていた、と考えられるからである。

たとえば、十六世紀の初め、ある近江の僧が「年の辛《から》い時、有徳《うとく》の人、造作を流行《はや》らする」と語っていた(29)。凶作のあいついだこの時代、「年の辛い時」つまり飢饉の年には、「有徳人《うとくにん》」といわれた、地域の富裕者たちが、大がかりな普請を企てることによって、その富を放出するのは当然だ、という飢饉習俗（生命維持装置《サバイバル・システム》の発動）ともいうべき観念があった、という。

それでこそ、そうした富裕者は、世の中で、有徳人つまり「徳のある人」とされていたのであった。だから、もし有徳人がその社会的な評価にふさわしい、危機管理の務めを果たさなければ、その「徳（富）」を実力でもぎ取ること、つまり社会的な富の暴力的な再配分は当然だという、自力救済《じりききゅうさい》の習俗が成立していた、とみることができる。

土一揆は窮民のサバイバルの営み

さて、こうした土一揆の激しい暴力は、もとより大飢饉の深刻さが、その起爆力であった。餓死か一揆か、この二つは「どれも人民の一面であった」とみられていた。[30]

こうした中世民衆の土一揆は、かならずしも純粋な村落結合を基礎として、統制のとれた行動であったことを意味しなかったし、純粋な村落一揆だけをひたすら追究することは、餓死か一揆か、に迫られていた多くの流民や雑兵たちの存在を、歴史の中から排除し、抹殺することになるだけであろう。

長雨・洪水から、大台風・旱魃と続いて、ついには飢えと疫病に襲われた、文安四年（一四四七）夏の終わりの都でも、「諸国の牢籠人《ろうろうにん》が洛中でしきりに、乱世だ、と称している」といわれ、[31]牢籠人＝流人たちの集団こそが、文安の土一揆の原動力となっていた、とみられていた。この「諸国の牢籠人」が、地方から都に流れ込んだ流民たちであったことは、明らかである。

一方、摂津《せっつ》・河内《かわち》（大阪府）からは「徳政行くべし」と叫ぶ土一揆が、大きな流れとなって、山城《やましろ》（京都府）を目指し、周縁の土一揆と合流して、京の都を襲った。上京《かみぎょう》の土倉の略奪・放火は悪党・強盗のしわざだ、と観測されていたが、[32]これを「純粋な」村の土一揆と峻別し、排除しようとするのは無理であろう。

都の流民が「いまは乱世だ」と称するのも、周縁で「徳政行くべし」と叫ぶのも、おそらくは自分たちの暴力を正当化する宣言であった。戦国の世では「弓矢徳政」といわれて、弓矢つまり戦乱

のときの徳政は当然のこと、とされていたからである。(33)

だが、土一揆がそうした行動の正当性を掲げたことは、現実の暴力的な行動の実態そのものが、必ずしも、「正当なものであったこと」を意味するものでなかった点は、十分に注意を必要とする。

次いで享徳《きょうとく》三年（一四五四）春にも、「盗賊」たちと「窮民《きゅうみん》」（流民・飢饉難民）が早鐘《はやがね》を鳴らし「私《わたくし》に徳政と唱え」て、京の商家を襲っては、その獲物を山分けしている、(34)といわれていた。

さらに、その秋にも徳政を叫んで、都や近郷（「都鄙《とひ》のあいだの所々」）の多くの土一揆が洛中を襲って、土倉を略奪し、酒屋を襲って酒手《さかて》まで出させているとか、有力な禅寺の相国寺も打ち壊しにあい、銭や財物を奪われ、土一揆を防ぐことのできた高利貸はいない、(35)とまでいわれていた。

幕府方の大名軍の雑兵たちも、命じられても土一揆の弾圧に動くのをためらい、先にみた土一揆と雑兵たちの深い結びつきぶりを、あらためてうかがわせていた。

ところで、この享徳の土一揆も、村々がひどい旱魃や台風（「天下旱損《かんそん》・大風」）にやられたためだと、(36)土一揆と凶作との深いかかわりを、鋭く見抜いていた貴族（大乗院尋尊《じんそん》）が奈良にいた。都の高利貸を襲う土一揆は、耕しても食えない村人や、耕作を諦めて流民となった窮民たちの、必死のサバイバルの営みであった、と同時代の一部の知識人には理解されていた、という事実はあらためて注目に値する。

この土一揆に対して、幕府は俗に「分一《ぶいち》徳政」といわれる「徳政の御大法」を出して、元金の十分の一を幕府に納めれば、質物《しちもつ》は返され、借金は帳消しにすると指示したが、これを喜んだのは、都に住む貴族や有力市民たちだけであった。

これにも不満な土一揆の大衆は、なおも土倉を襲い、焼き討ちや略奪をくり返し、「土蔵焼亡」「世上物忩《ぶっそう》」と報じられていた。(37) 小手先の幕府の対策など、多くの「窮民」=流民たちを呑み込んだ土一揆にとって、まったく問題ではなかった。

徳政の土一揆の実態

次いで、長禄元年（一四五七）九月、やはり秋の収穫期に、徳政を求める土一揆が起きる。世に広がる「病患・旱損等」、つまり疫病と旱魃を理由とする改元が、その引き金になった形である。

彼らは「山城国中の土一揆」と呼ばれる、大きな広がりをみせ、(38) 高札を掲げて示威の集会を開き、早鐘を撞《つ》き、鬨《とき》の声をあげて、土倉の傭兵や幕府軍と戦って敗北させ、都の高利貸を略奪し放火する、市街戦まがいの迫力をみせた。

幕府はまたも分一徳政を出すが、ふだんの生活を高利貸に頼って暮らす京中の人々は、これに便乗し、決められたわずかな銭を出して質物を取りもどしたが、「田舎者は、ただ取りした」と非難されていた。

田舎、つまり地方の飢えた村々から都を襲った、土一揆の人々にとって、権力による姑息《こそく》な徳政令などは問題ではなく、自力で高利貸から奪い取る「ただ取り」こそが、もともとの狙いであった。

次いで「天下疫饉、人民あい食む」と噂された、寛正《かんしょう》三年（一四六二）の秋、「城外の辺民」を主として、ふたたび蜂起した土一揆は、「徳政の盗また起こる」といわれ(39)、都の高利貸や富家に乱入して略奪と放火をくり返し、京の町を火の海にする。「寛正の土一揆」のはじまりであった。

そればかりか、またしても幕府方の「大名軍の内の者」といわれた、大名軍に雇われた雑兵たちまでが、同じように「土一揆と号」して市内に乱入し、略奪・放火を働いていた(40)。ここでも土一揆の暴力は正当化され、大名の雑兵たちの暴行と、切り離せない関係にあった。

諸国に疫病の広がった寛正四年（一四六三）秋にも、「京都に徳政の沙汰あり」といわれた(41)。さらに台風による大風雨・大洪水に襲われた直後の、寛正六年十月には、徳政をさけぶ土一揆が京郊から都を襲う。幕府はまたも雑兵たちが土一揆に「同意」することに警告を発していた。雑兵と土一揆の合流は、誰の目にも明らかであった。

次いで応仁の乱の前年、文正《ぶんしょう》元年（一四六六）の九月の都では、「悪党・物取等」や雑兵や武士たちによる「酒屋・土倉数ケ所を打破」る暴行があいつぎ(42)、東西両軍による高利貸からの軍事費（兵粮料《ひょうろうりょう》）の徴収とも重なって、そのすべてが「徳政の沙汰」と呼ばれていた(43)。これが「洛中人民、餓死に及ぶ」といわれた(44)、応仁の乱前夜の徳政の土一揆の実態であった。

強制的な「兵粮料」の徴収というのも、「徳政の沙汰」というのも、ともに兵士や土一揆が自らの暴力行為を正当化するスローガンに他ならなかった。

ついに応仁の乱が起きる、応仁元年（一四六七）は、その正月から、悪党や兵士が「処々の酒屋・土蔵そのほか、小家を多く焼き払い、財宝を奪い取」り、そのさなかに「世改《よあらた》め」の噂が都に広がる。[45] つまり戦争に「世直し」の期待が寄せられるという、異常な事態となって、その五月に都は全面戦争に入っていく。徳政の暴力から戦場の略奪へ、暴力はその姿を変えて、首都は「世改め」を号した内戦の巷《ちまた》となる。

足軽の暴力へ

土一揆は消滅したのか

土一揆はこの応仁の乱の戦争に呑み込まれて、いったん消滅し、乱後にふたたび勃発する、というのが日本中世史の通説である。[46] しかし、土一揆の消滅といわれる、この現象の実態は、じつはこうだったのではないか。

市街戦の戦争の中で土一揆が消え、土民（百姓）が「足軽と号」して略奪を働いているという。[47] この記述は、土一揆の変貌ぶりを鋭く読み取った重要な証言だ、と私は思う。

土一揆から足軽へ、「土一揆と号す」「徳政と号す」から、「足軽と号す」へ、主体の呼び名と、サバイバル（生き残り）のスローガンの変貌が、その核心であった。都が戦場となることによって、土一揆の暴力が足軽に吸収されたのだ、ともみられている。[48]

首都の戦場にもぐりこんだ多彩な流民たちは、「洛中・洛外の物取・悪党ども」とか「京中・辺土の乱妨人」などとも呼ばれ、東西両軍に雑兵＝足軽として雇われ、戦場となった都で、公然と略奪を働いていた。それは家財の略奪から、人の略奪（人さらい）にまで及んだ。

足軽どもが、土一揆のように寺社に乱入して略奪を働いているとか、京都の徳政は足軽どもの沙汰だ、足軽の集団はまるで「土民の蜂起のようだ」ともいわれ[49]、彼ら足軽たちを見る貴族たちの目は、かつての土一揆や徳政や土民の蜂起を見る目と、まったく変わるところのないのが、とくに注目をひく。ここでは「戦争暴力は、さしあたってはまったく直接的に、かつ略奪的暴力として、その目標に向かう」という指摘に注目しよう[50]。

土一揆から足軽へ

では、市街の戦場にもぐりこんで「物取・悪党ども」とか、「乱妨人」と非難された人々は、なぜ自ら「足軽と号」したのか。尋尊はこう証言する。

彼らを傭兵として雇った東西両軍ともに、彼らにまともな兵粮＝食糧や給与を支払う力がない。だから、その代わりに戦場の市街での打破・乱入、つまり富家の略奪を公然と許可しているのだ[51]、と。

つまり「足軽と号する」というのは、兵粮代わりの公然たる略奪の免罪符で、「おれは足軽だ」といいさえすれば、略奪は思いのままで、その戦場には、物取も悪党も乱妨人も流民（飢饉難民）たちも殺到して、切ないサバイバルの手段にしていたのであった。その盗品は、彼らと結託する戦場の商人たちに売られて、郊外のいくつもの「日市《ひいち》」で売りさばかれていた[52]。

「京都の徳政は足軽どもの沙汰だ」という証言は、市街戦の戦場で、足軽たちがあいかわらず「土一揆だ」「徳政だ」と号して、略奪を働いていた可能性を、明らかに示唆している。

かつての土一揆・徳政一揆は、こんどは応仁の乱の戦場にもぐりこみ、足軽に姿を変えただけで、その暴行はいっそう公然化した、という印象は否定できないであろう。それは、戦争と飢餓の中で、生き残り《サバイバル》をかけた流民たちの必死の営みでもあった。

応仁の乱のあいだ、土一揆は消滅したという通説は、じつはこの事態をいい当てていたのではないか。それは、土一揆＝徳政＝足軽という、貴族たちの日記の足軽観とも、よく合っているからである。

それだけに、百姓も流民も「一揆と戦争のどちらにも組織される状態にいた」、あるいは足軽も「人民の自己解放闘争のひとつの形態だった」[53]という鋭い指摘は、流民の側に立つとき、とくに重い意味をもつ。

暴力にサバイバルをかける

暴力論の視座に立つとき、土一揆の激しい破壊性に注目して、幕政の頽廃（政争）と自然の猛威（飢饉）の中で、民衆の行動も一面では混乱や背徳を避けられなかった、あるいは群盗的・略奪者的な要素がつよくあらわれていたという見方は[54]、じっくりと民衆の暴力をみつめながらも、なお、それを一面での混乱、つまり不測の逸脱とみる点で、「土一揆は整然たる村落民衆の運動」とみる日本中世史の通説に、いまだに強く引かれていた。

しかし、「土一揆は自律性ある惣村を単位に整然と組織された」と強調する典型的な通説も、一方では「徳政だ、と叫んでまわる民衆の一種の熱狂状態の現出」の方が決定的な要素だったといい、あるいは「飢餓暴動的な蜂起に陥りやすかった」という事実をも、同時に直視していたことに注目しよう(55)。

とすれば、もし「徳政だ」「土一揆だ」と号した、武装した土一揆の熱狂状態の奔出を、不測の逸脱とか、一面での混乱とだけみて排除し、整然と組織され行動したムラだけを擁護するのでは、厳しい飢えや疫病のさなかで暴力に生き残り《サバイバル》をかけた、土一揆の現実から乖離してしまうのではないか。

少なくとも、飢饉難民＝流民たちのサバイバルの奔流が引き起こした「飢餓暴動的な蜂起」や、やむなく村を捨て、都で「窮民」「牢籠人《ろうろうにん》」「悪党」「非人・乞食」などと非難されながら(56)、苛酷な自力救済の時代を懸命に生き抜こうとした、膨大な流民たちの必死な生き残りの営みを、またその存在自体を、「秩序正しいムラ」の犠牲にして、切り捨ててしまうことになるのではないか。

ここに、私が〈流民・土一揆・足軽〉を応仁の乱のキーワードとみなし、とくに飢饉難民を焦点にすえて、十五世紀半ばの都市に集中した土一揆の暴力を分析した、大きな理由がある。

2　中世村落の暴力

自力救済の実態

次の課題は、右にすこし触れた「苛酷な自力救済の時代」の実態を、その社会の土台について明らかにするために、焦点を都市から村落に移し、中世の村の暴力の問題を検討することである。

中世の村が、若者集団の武力を中軸として、自検断《じけんだん》と呼ばれる自力救済の態勢をとっていたことは、よく知られている。その村の自検断の武力は、村の内と外に向かって行使された。襲いかかる戦争暴力に対しては、「村の城」をもって対抗もした。ここでは、中世の村の暴力がどのような形をとって発動されていたかを、私のいくつかの旧著をもとに[57]、ごく簡潔に述べよう。

なお、日本中・近世の村の暴力については、日本中世史家の稲葉継陽《つぐはる》氏が、村落フェーデという、ドイツ史のフェーデの概念を応用して、西欧中世と共通する暴力の問題に、鋭い分析を加えている[58]。

また、ドイツ中世史家の服部良久氏は、中・近世ティロル地方の農村共同体内外の紛争と暴力の実態について詳細な分析を加え、西欧中世の農村社会間においても、日本中世の村落の自力救済とも対比できるような、村落どうしの暴力による紛争解決が行われていたことを、初めて具体的に明らかにしている[59]。

以下には、これまで私の追究してきた「自力の村」「武装する村」論などの要旨を、暴力論の視角から、簡潔に述べよう。

村内の検断の暴力

村が人を殺す権利

まず、村内の治安維持の態勢の現実をみよう。

たとえば、延徳三年（一四九一）、紀伊（和歌山県）粉河寺《こかわでら》領の東村では、自前の村の掟で「もし村に盗人が出たら、現行犯で処刑せよ（見合いに討つべし）。もし領主から咎《とが》められたら、村の責任で事情を釈明しよう」と定めていた[60]。

広く中世後期の村では、盗み・殺人・放火は、博奕《ばくち》とともに、「大犯三箇条《だいぼん》」と呼ばれ、もっとも重罪とされていた。その主犯や共犯は見つけしだいに殺せという、村人自身の手による現行犯処刑主義を処分の原則とし、犯人の逮捕・白状・証拠の提出など、証拠主義を原則とする荘園領主法と、真っ向から対立していた。

右の紀伊の東村の村掟も、この証拠主義か現行犯主義かという、検断権をめぐる、領主側との原理的な対立の中で、村は独自の成敗＝現行犯処刑権を、強く主張していたのであった。「村が人を殺す権利をもつ」という、中世の自立した「自力の村」の、自検断権の苛酷な側面が、ここに鮮やかである。

こうした村の現行犯処刑の事例を挙げよう。

文亀《ぶんき》四年（一五〇四）三月、厳しい飢饉に襲われていた和泉《いずみ》（大阪府）日根荘《ひねのしょう》の入山田村《いりやまだ》では、村人が飢餓をしのぐ非常食として、山で蕨《わらび》の根を掘って水にさらしておいたのを、夜ごと盗まれる事件があいつぐと、村の若者たちが夜警に立ち、盗みをした男親のない母親と子どもを見つけ、現行犯で殺してしまった。その前の晩にも、同じような盗みで六、七人が、やはり現行犯で処刑されていた。

また、飢饉の続く翌年にも、米盗みの未遂がばれた、れっきとした百姓が、盗みの余罪もあるというので、村の「寄合《よりあい》」によって、あっさり首を切られてしまっていた。(61)

天正十六年（一五八八）、近江今堀《いまぼり》の惣村では、田畠の作物を盗むものは、見つけしだい殺せ、現行犯をみごと仕留めた者には、昼は一石五斗、夜なら倍の三石の褒美《ほうび》を出そうと、やはり現行犯の処刑を、多くの褒美付きで奨励していた。(62)

さらに注目されるのは、ごく初期の羽柴秀吉の法が、こうした中世的な村の自検断の成敗権の行使を、公然と認めていた事実である。

「盗人を村が処刑（生害《しょうがい》）するのは当然だ。また曲者《くせもの》（盗賊）を見逃す者も同罪だ」というのである。原文で「惣《そう》在所衆押しよせ、生害に及ぶべし」とか「その仁《じん》、生害は申すに及ばず」とか「惣地下人《じげにん》さし寄り、相ことわるべし」などと、秀吉が明記した、村の治安維持の態勢は、明らかに中世の村の自検断の慣行と、村の武力行使の態勢に、その基礎をおいて、「村が人を殺す権利」を公然と認めていた(63)。

自検断の変質

ところが、中・近世の交点を境として、明らかに事態は一変する。

たとえば元和《げんな》二年（一六一六）正月の近江（滋賀県）の堅田《かただ》舟頭中《せんどうちゅう》が定めた「掟」は、「諸浦より上下の荷物ぬすみ」への処分として、盗人が舟主ならその舟を没収するに止め、それを「公儀へもあいことわり申すべし」と定めていた(64)。

寛永三年（一六二六）の紀伊（和歌山県）安楽《あら》川《かわ》庄中で定めた「法度《はっと》」は、博奕の宿主の「打《うち》ころし」を前提としながらも、あらかじめ「御給人様《ごきゅうにんさま》（領主）へ御意《ぎょい》を得」よといい、これからは、村で重罪犯人を処刑するには、公儀や領主の許可がいると、村掟に自発的に明記するようになっていた(65)。

これは、中世の村の自検断＝現行犯処刑主義に加えられた、大きな変質である。中世から近世のあいだに、「中世の村が自由に人を殺す権利」に、大きな制約が課されたことは確実であろう。その転変の事情については、「おわりに」（32頁）で言及しよう。

村落どうしの暴力

村の当知行

次は、山野河海《さんやかかい》の村々のナワバリの自力による用益をめぐる、村どうしの暴力の応酬である。その焦点は、中世の村々を主体とする山野河海の占有が、村々による用益事実の実力による持続、つまり村の自力によってのみ実現されるという、中世ではしばしば「当知行《とうちぎょう》」と呼ばれた、いかにも自力で戦う中世村落らしい、村の用益慣行の実態である。

たとえば、激しい旱魃の続く応永《おうえい》二十九年（一四二二）夏の、山城（京都府）の伏見と深草の村の水争いで、伏見村が夜中にこっそり水を引こうとすると、深草の村は近隣の村々に合力＝応援を求め、大勢が甲冑《かっちゅう》で武装して、これを妨害し、これに対抗して伏見側も、弓箭《ゆみや》＝合戦の準備にかかっていた。(66) ほとんどナワバリをめぐる「村の戦争」ともいうべき事態であった。

また、永享五年（一四三三）山城の伏見と醍醐《だいご》の炭山《すみやま》の山のナワバリ争いがこじれ、伏見側は醍醐側の百姓を待ち伏せて、五人を殺し、三人に傷を負わせると、醍醐側はその報復に、伏見の百姓二人を生け捕りにし、伏見側も醍醐の法師三人を捕まえる、という暴力の応酬がくり返されていた。(67)

また、琵琶湖の北岸に隣り合う、近江（滋賀県）の菅浦《すがのうら》と大浦の村のあいだのナワバリ争いは、もっと深刻であった。たとえば、台風の被害に襲われた文安二年（一四四五）の山争いの一断面だけを、菅浦側の告発によって見よう。

両村のあいだでは、山を盗む・鎌を取る・船を差し押さえる・押し寄せ追い払う・深夜に放火刃傷《にんじょう》する・田畠を踏み荒らすなど、暴力の応酬が、村の若者たちによって、くり返し続けられていた、という(68)。

ついには、村の裏山に敵が猛勢で押し寄せ、散々に合戦し、村の大門《だいもん》の木戸に火をかけられたが、散々に矢いくさをして、敵を追い落とし、六、七人を討ち、多くを手負いとして、高名《こうみよう》をあげた、という(69)。

ここでも「村の当知行」(ナワバリ)維持の実態は、さながら「村の戦争」に他ならなかった。「暴力は自然の産物」であり「自然法は、正しい目的のために暴力的手段を用いることを、自明のこととみなす」といわれる(70)。ただその暴力は「解決提示としての暴力」で、「暴力はあくまで解決を目指したものであって、徹底した破壊には行き着かなかった」という指摘(71)にも、注意が向けられるべきであろう。

同じ近江の湖東にある安治《あわじ》村では、湖岸に自生する葦《あし》の採取のナワバリをめぐる、隣村との衝突にそなえて、天正十年(一五八二)に、相手方が葦を採りに押し寄せてきても、わが村では一味同心《いちみどうしん》して、葦をけっして相手に渡してはならぬ。もし、この衝突で「高名」を立てた者には「惣(村)中よりほうび」を出すといい、その前年には、「よしくさ口論」の紛争の発生を知りながら、もしもこれに参加しない者には、惣中として「過怠銭《かたいせん》五百文」のペナルティを科し、ことによっては「中違い《なかたが》」つまり村八分《むらはちぶ》（つきあいはずし）の制裁措置をとる、と定めていた。

さらに文禄二年（一五九三）、この安治村は隣村との湖水の漁場争いで、たたき殺された彦四郎の幼い遺児に対して、「こんど彦四郎、惣地下中の用にまかり立ち、不慮に死去」したので、遺児一代のあいだは、惣中として課役を肩代わりする、と証文で約束していた(72)。

村の暴力と差別

身代わりの習俗

中世社会に行きわたった「自力の惨禍」として私が注目するのは、このような集団的な自力救済の暴力である。「紛争がしばしば暴力的対決におわるのは、典型的には、独立的で戦闘的な自己依存の態度が奨励されている社会においてである」という指摘が、ことに興味深く思い合わされる(73)。

村どうしのナワバリ争いの暴力の苛酷さは、以上に尽きるものではなかった。旱魃の続いた天正二十年（一五九二）夏、摂津（兵庫県）の武庫川沿いの、鳴尾《なるお》村と河原林村の用水争いでは、それぞれが周辺の多くの村々に援助を求めて、「弓・鑓・馬上」でぶつかり合う、大きな「合戦」となって、多くの死傷者を出した。そのため、豊臣秀吉による「天下 悉《ことごとく》 ケンクワ（喧嘩）御停止《ごちょうじ》」の法に触れ、この村々の戦争暴力の行使に関係した村々は、みな責任を問われ、村を代表して百姓八十三人が磔《はりつけ》の極刑に処された(74)、という。

ある村の伝承によれば、その時、加勢した六つの村々では、村を代表すべき庄屋の代わりに、「乞食」が身代わりとなって、磔にされたという。そのうち廣田村では、月行事《がちぎょうじ》＝庄屋に代わって、犠牲に名指しされた仁兵衛は、もともと「節目（身分）これなき者」であったが、村の身代わりとなる代償として、息子の甚五郎とその子孫を、このあと代々の村役人（行司持《もち》）とするよう、村に要求し、これを容れられて、惣中の証状を得ていた、(75)という。

この経緯には、伝承も混じるが、渇水期の水争いが村々の戦争状態を引き起こしており、「天下悉ケンクワ御停止」の法によって、処刑された村の代表には、本来、村を公式に代表すべき庄屋の代わりに、何人もの乞食が身代わりにされていた、という。これは、琵琶湖畔の村々のナワバリ争いの戦いぶりからみても、けっして唐突なものではない。

身代わりを強いる

また、近世初めの慶長十二年（一六〇七）、丹波（兵庫県）の馬路村は、山野の芝草取りのナワバリ争いで、相手方の村人を殺したため、下手人を請求された。ところが、村から身代わりの犠牲に指名された彦兵衛は、「村中の難儀」を救う代償として、息子の黒丸に苗字を許し、村の伊勢講や日待《ひまち》などの会合にも加えることなどを村に求め、容れられていた。ここでも村は、それまで苗字もなく、村人たちの講などの集まりからも排除されていた下層民に、集団の暴力として、身代わりの犠牲を強要していたのであった。(76)

また、筑前（福岡県）博多の町では、多くの浪人を町が浜の仮屋に乞食として扶養していたが、それは「博多の商人の、他国に出て下手人となりしとき、身代りにすべきため」であった、と伝えていた(77)。

中世社会では、下手人は解死人《げしにん》ともいい、真犯人でなくてもよかった。村が日ごろ養う乞食は、身代わりの贖罪のヤギ《スケープ・ゴート》に他ならなかった。村の暴力は自検断や合戦相論《そうろん》だけではなかった。乞食として村に養われ、村人の身代わりに都へ夫役《ぶやく》に出た、御伽草子《おとぎぞうし》「ものくさ太郎」の物語に潜む、背景の大きい社会的な広がりが、あらためて思い浮かぶ(78)。

こうした身代わりの人身御供《ひとみごくう》の本質は、暴力の無際限な連鎖を断ち切るための供犠であり、きまって共同体の外にあり、多くの場合、殺され、鎮静化した暴力とともに、共同体の外に放逐されるなど(79)、共同体内部の暴力の鎮静化と社会的秩序の再生をはかることにある(80)、とされる。

村の暴力的な紛争処理のために、こうして身代わりの犠牲を強いる、村の苛酷な身分差別の暴力については、あらためて差別の視座からも、追究の余地があるだろう。

おわりに

最後に、このような中世の村の苛酷な暴力に対して、豊臣政権の目を向けたとみられる、「天下悉《ことごとく》ケンクワ（喧嘩）御停止《ごちょうじ》」とか「当御代喧嘩停止」の「御法度《ごはっと》」ともいわれた、「豊臣喧嘩停止令」の発動に注目しよう。

その判例の初見は天正十五年（一五八七）で、よく似た判例は、慶長十一年（一六〇六）まで、いまは五例ほどが知られている。それら判例の示す法の適用ぶりは、先の摂津の八十三人の磔の例を著例として、いずれもが、村どうしの争いで暴力の行使に関与した村々に代表の処刑を科す、きわめて苛酷なものであった。

「御法度」とまでいわれ、これらいくつもの判例の基礎にあったはずの、「豊臣喧嘩停止令」の法令本文は、まだ発見されていない。だが、その法は、おそらくそのままに、徳川政権の法にも受け継がれていた。

慶長十四年（一六〇九）の幕府令「覚」の第二条に「郷中にて百姓等、山問答・水問答につき、弓・鑓・鉄炮にて、互いに喧嘩いたす者あらば、その一郷、成敗いたすべきこと」と明記されていた。[81]

村々の山や水の争いで、弓・鑓・鉄炮などの武器を行使して喧嘩したら、村ぐるみ処刑する。つまり、村々による山問答・水問答の喧嘩そのものは否定しないが、弓・鑓・鉄炮などの武器の行使は違法だ、というのである。

私はこの「慶長の徳川令」の定めをみて、天正十六年（一五八八）に「刀狩令」を出した豊臣政権が、百姓に「弓・鑓・鉄炮」の所持を違法とし、その理由を「刀を持てばつい闘争が起き、生命をおとすことになる。それを助けたいのだ」（「刀ゆえ闘争に及び、身命あい果てるを助けんがため」）

と、自力の惨禍の克服を公然たるスローガンに掲げて[82]、懸命な説得と合意の形成に、乗り出していたのを思い出す。

しかし、もし「刀狩令」がその令書通りに強行されていたのであれば、あらためて百姓に「弓・鑓・鉄炮」の所持を違法とする、このような徳川令などは必要なかった、といわざるをえないからである[83]。

なお、中世社会における自力の惨禍の克服というとき、豊臣のスローガンに説得力と合意を与えたとみられる、領主間の「合戦」=戦争の場における大量殺戮と生産手段の破壊と、ことにあいつぐ飢餓を背景とする、民衆的な雑兵たちを主体としたとみられる、戦場の戦争奴隷の略奪（人さらい）の深刻な横行ぶりも、強調しておかなければなるまい[84]。

さて、村同士の自力によるナワバリ争いそのものは否定しないが、生命の存亡にかかわる、武器の行使は認めないという、「喧嘩停止令」の原則は、中世の村々が公然と自由に行使してきた「人を殺す権利」の否定を含意していたのではないか。

先にみた近世初期の紀伊安楽川庄中が、博奕の宿主の「打ころし」を前提としながら、あらかじめ「御給人様へ御意を得」よと、村掟に明記したのは、おそらくこの「喧嘩停止令」による規制が行きわたった結果であって、中世の村掟には、まったく認められない規定だからである。

近世まで残った日常的暴力

だが、「喧嘩停止令」によって、村の自力・自検断の発動が全面的に禁圧された、というのではない。中世と近世の「自力の村」の暴力のあり方の決定的な違いの焦点は、まさに「人を殺す権利」の原則的な否定の有無にあった。

先にみた「徳川の喧嘩停止令」は、のち寛永十二年（一六三五）に新たに「他郷の荷担」禁止条項を加え、やがては広く村々の「五人組帳前書」に書き込まれ、徳川祖法の位置を占めることになる。先に私が「喧嘩停止令」を含む「豊臣惣無事令《そうぶじれい》」をもって、中世的な自力の惨禍の克服への歴史的な合意の結果とみたのは、この点であった(85)。

しかし、少なくともヨコの暴力ともいうべき村落間の相論《そうろん》、つまり山野河海のナワバリ争いをめぐる、村々の自力救済としての実力行使の暴力までが、近世社会で完全に禁圧され、そのエネルギーが涸渇させられてしまったわけではなかった。

「人を殺す権利」の禁止の原則を隠微にすりぬけた形で、凶器となりうる得物《えもの》を武器から農具に持ち替え、「なからじに（半死半生）」を限度とし、典型とする、きわどい日常的な暴力＝実力行使が、村々から完全に廃絶されることは、近世を通じて、ついになかった、というのが私の見通しである(86)。

このように考えてくると、初めにあげた朝鮮近代史家の趙景達氏によって、まるでゲームのように穏和で、特殊日本的だと評された、日本近世の民衆運動について、とくに、その内奥に秘められた暴力性の内実については、さきに「1　都市の土一揆の暴力」でみた、中世後期の都市一揆の暴力の実情や、右の「2　中世村落の暴力」でみた、「ヨコの暴力の一貫した持続」という視座から、あらためて実証的な検討を加える余地がある。

二　一向一揆と飢饉・戦争

はじめに

いま日本中世史の研究の中でも、飢饉の研究はしだいに深められようとしている。(1)だが〈飢餓と戦争〉を一体としてとらえる研究は、まだ少ない。私はここ数年、飢餓と戦争との関わりを追究する過程で、飢餓の続く中世には、村も戦場も一つの生命維持装置《サバイバル・システム》（生き残るための仕組み）であったのではないか、という思いを深くしている。(2)

その一方、中世の戦場の分析を通じて、村を出て行く数多くの雑兵（臨時の武家奉公人）や欠落《かけおち》百姓（走り百姓）、略奪され売られて行く人々（戦争奴隷）など、抑え難いほどに、村の過疎化する状況を目の当たりにしてきた。こうして私は、ともすれば武装する中世の村を、安泰な完結した小宇宙として捉えがちであったことにも、深い反省を迫られている。(3)

この章では、こうした私自身の曲折を省み、「本福寺《ほんぷくじ》跡書《あとがき》」(4)を手掛かりにして、とくに〈中世の飢餓と戦争〉の視座から、戦国ではよく知られる、一向一揆のきびしい環境を見直してみることにしたい。

1　飢饉と一揆

「本福寺跡書」にみる体験談

明宗ノ代ニ、御《コ》勘気《カムキ》三度《サムト》ナリ。三度《サムト》目《メ》ニ、ツイニカツヱ《（飢）》死《シ》ニタマヒケリ。……カツヱジニ八十人、生別《イキワカレ》・死《シ》ニ別《ワカレ》、十余《シフヨ》人《ニン》ニ離《ハナレ》ケル。

これは、近江堅田《かただ》（滋賀県大津市）の真宗本福寺の僧であった明誓《みようせい》の書いた、「本福寺跡書」の一節（『日本思想大系』17、二二〇頁。以下同）である。

十六世紀の初め、同じく真宗の僧であった彼の父の明宗《みようしゆう》（三上宗次）は、一生の間に三度も、本願寺から破門（御勘気）にされ、三度目にはついに、一族の者十人とともに、餓死（かつえ死に）に追い込まれたり、生き別れ、死に別れの目にあわされてしまった、というのである。三度の破門

（除名）というのは、確かな史実であったようだ(5)。

彼はこの後にも、自らの被った破門の悲惨さに触れて、こうも語る。

チリ《(散)》〳〵ニワカレ《(別)》〳〵ニ、ユキカタ《(行方)》シラ《(知)》ス、コシキシニ《(乞食死)》・コヽヱシニ《(凍死)》・カツヱシニ《(餓死)》、ロシ《(路次)》・カイタウ《(街道)》・ホリ《(堀)》・セヽナケニ、タフレシヌル《(倒死)》ソ（二三四頁）、

本願寺から破門されたあげく、一家は離散して、行方知れずになり、あるいは、乞食になって、ついには死んでしまい、または寒さに凍え死にし、または飢え死にをし、あるいは路傍に行き倒れて、死んでしまった、というのである。

また「カツヱシヌル《(餓死)》、モノウサ《(物憂)》」「今生《コムシヤウ》ニハ人《ヒト》ニヘタテラレ《(隔)》、カツヱシ《(餓死)》ナストイフコト、更《サラ》ニナシ」（二三五頁）などと、破門によって孤立を強いられた中で、避けようもなく身辺に迫る、飢死について、くり返し語っている。

こうした本願寺による破門の痛切な体験談は、本願寺宗主の破門権の発動ぶりを、具体的に書き留めた、貴重な証言として、よく知られる。そして、ここにくり返し記された餓死という表現は、ふつう、破門の村八分《むらはちぶ》的な苛酷さを強調する、一種の誇張したたとえ話として理解され、かつては私自身もそう考えてきた。しかし、こうした私たちの理解は、皮相に過ぎたようである。

明誓は冒頭の一節のすぐ前にも、こう記していた。

御勘気（本願寺からの破門）の身となれば、餓死・乞食死に・倒れ死に・凍え死に・病死などを免れることはできず、飢えを凌《しの》ごうとすれば、大切な寺の仏物もすべて売り尽くし、食いつなぐしかない。子どもの一人はせめて坊主を継がせても、あとの子どもらは、口減らしに、よそへ出すように心がけよ、と（二二〇頁）。

また、妻子ともども生き残るためには、たとえ僧侶の身であっても、仏法だけでなく、世俗の商いや食物に執着することもまた大切だ、とも諭していた（二二〇頁）。

明誓はこうもいう。

この辺りの貧しい門徒たちは、一反の耕地もないのに、懸命に本願寺の課役を務めている。だが、ときに飢餓の大きな要因となる「風ソン（損）・水ソン・干《カン》ソン・コヌカムシ（米糠虫）」（風損・水損・干損・米糠虫）などによって「フシユクノトシ」（不熟の年）には、寺役の務めもならず、そのため、彼らによって支えられる自分の道場も、たちまち本寺に破門されてしまう。

それは、まるでとつぜん人を襲う恐ろしい恙虫《つつがむし》病（急性の発熱・発疹・心臓衰弱で死に至ることもある、広い水辺や原野の風土病）のように、避けることはできない、恐ろしいものだ、と語られる（二二五頁）。

父の破門体験を通して、明誓がくり返し語る「餓死」の切実な体験を、単なる比喩とみたのは、現代の飽食と平和に馴れ切った、私のまったくの偏見であったようだ。一向一揆の時代は、じつは飢餓の時代でもあったのではないか。

2　飢饉に強い門徒組織

飢饉のときの心得

そうした凶作の世を、人々はどのように生き延びていたか。飢饉のときに、どのような門徒に頼れるか。その心得を、明誓は、子孫のために、詳しく書き遺していた（二三一〜二三二頁）。長文なので、①〜⑦の段落に分けて、漢字まじりで読み取ってみよう。

一、①田作リニマサル重イ手ハナシ、
②鍛冶屋ハ、カジトシ（飢年）ニ、鎌・鉈《なた》・古鉄ヲ、ヤス〳〵ト売ルヲ、買イトメ、鋤《すき》・鍬《くわ》・鎌・鉈ニシテ、有徳《うとく》ナル人ニ売ルソ、鎌ハ、月々ニツカヒ失ナウテ、流行《はや》ルソ、
③又イヲケシ（桶師）ハ、年々ニ桶ノ側クサリテ、トシカラ（年辛）ケレトモ、流行ライテハカナハヌモノソ、
④又研屋《とぎや》モ、トシカラケレハ、ヨキ刀ヲヤス〳〵トウルヲ、仕直シ、有徳ナル人ニ売ルソ、
⑤又番匠《ばんじょう》モ、トシノカライトキ、ウトクノ人サウサクヲハヤラスル、万《よろず》ノモノヲアツラユルハ、フンケンシヤナリ、

⑥又塩・瓜・米・豆・麦ナトヲ売ル人、万ノ果物ノ、餅・粽《ちまき》・団子《だんご》・焼餅、万食物ヲシテ、売ルモノハ、カナシキトシ（悲しき年）、カツヱシナヌ（飢死しない）モノソヤ、万商物ノ、檀那《だんな》ニ徳人ヲモツハ、ヨキタヨリナリ、

一、⑦紺屋《こうや》・具足屋《ぐそく》・糸屋・白銀屋《しろがね》、十人ツレノ仕手ナラハ、コレラハ、カシトシ（飢年）ニ大事ノ職ソヤ、カツヱシ（飢死）ヌヘシ、

ことに目につくのは、①〜⑦にくり返される、飢饉の年のことである。②と⑦には、飢年《かじどし》・飢死《かつえじに》などといい、さらに同じことを、③年辛《から》けれども・④年辛ければ・⑤年の辛い時・⑥悲しき年など、いずれも飢饉のことが、ことばを変えて、痛切な想いをこめて語られているのに、私はあらためて心ひかれる。飢餓の生活の苦しみを、これほど切実に語った例を、ほかに知らないからである。

①の「田作リニマサル、重イ手ハナシ」は難解である。(6) おそらく⑦に「カジトシ（飢年）ニ大事（大変）ノ職ゾヤ、カツヱシヌ（飢死）ベシ」とあるのと、同じ意味のこととみれば、田を耕す農民ほど、凶作に苦しむ、切実な職業はない、というのであろう。飢饉の影響をじかに受けるのは田作り（水田耕作農民）だ、というのである。それは十六世紀初めの近江の人々の通念でもあったに違いない。

また⑦「カジトシ（飢年）ニ、大事（大変）ノ職ゾヤ」といわれた、紺屋（染物屋）・具足屋（武具商）・糸屋・白銀師（銀細工）など、高級品を扱う業者も、ありきたりのやり方をしていたのでは、

やはり飢饉の年には、生活に窮してしまう、という。

その一方では、日常の生活に欠かせない、③の桶作り(桶屋)は、凶作の影響もうけず、②の鍛冶屋や④の刀研《と》ぎ(研屋《ときや》)も、鎌は農作業に欠かせない必需品だし、⑦のような生活に窮した人々の手放す、鉄製の古農具や銘刀が安く手に入るから、飢饉の年ほど、もうけが大きい。それに、⑤の大工(番匠)も飢饉に強い職業だ、という。

その理由は、金持ち(有徳の人・分限者)は、不況の年(年の辛い時)ほど、安くなった賃金や物価で、多くの人手(職人や人夫)や資財が楽に手に入る。だから、凶作や飢饉の年をねらって、かえって盛んに造作を起こし、あらゆるものを注文するから、それを引き受ける大工(番匠)もまた、たいそう繁盛する、という。

また、⑥塩・瓜・米・豆・麦や、それらを加工した餅・粽《ちまき》・団子《だんご》・焼餅、それに果物など、さまざまな食品を売る職の者たちも、凶作になっても飢えを知らない。

だから、商売をするにも、寺を支えるにも、凶作や飢饉に強い金持ちを得意先(寺の檀那)にもつのは、いざというとき凶作の年を生き抜くためには大事なことなのだ、という。

危機管理型の門徒集団

この明晳の言葉は、おそらく彼の本音と実感で、その門徒組織の実情に、たしかに根ざしていた。

彼は「本福寺跡書」の冒頭に、

本福寺、毎年、十二ケ月之念仏、御頭《おとう》之事、

という項目を掲げて、本福寺の年間の念仏講を、月ごとに支える御頭（頭屋《とうや》、幹部門徒）の名簿を明らかにしている（一八六頁）。

これを「地下《じげ》九門徒《もんと》」の名簿（注文。二一五頁）と対比すると、二月の頭屋には研屋の道円が、四月には油屋の法覚が、九月には桶屋の明善が、十月には麹屋《こうじや》の太郎衛門が、十二月には油屋の又四郎衛門と船大工の藤兵衛が、門徒団の幹部（頭屋）として登場している（一八六頁）。

また彼の書いた「本福寺門徒記」には、鍛冶屋の慶法・太郎四郎兵衛・弥次郎、桶屋の又四郎衛門、豆腐屋の堅田宿新衛門や紺屋の小太郎・与三次郎、猟師の五郎太郎らも登場する（五五二〜五五五頁）。

これら門徒団の幹部たちのうち、鍛冶屋は、彼が「飢年」「年の辛い時」「悲しき年」に強い商売だといった②に、桶屋は③に、研屋は④に、麹屋・油屋・豆腐屋は⑥に、それぞれ対応する。

そのほかには、飢饉に弱いという⑦の紺屋（染物屋）数名も、常連として顔をみせるが、頭屋の地位を占めてはいないようだ。

つまり、本福寺の幹部門徒団は、もともと凶作や飢饉に強い、安定した商売を職業とする人々を中核とした、いわば危機管理型の集団として成立していたことになる。

これは本福寺の幹部門徒団だけのことではなく、じつは本願寺教団に共通する特徴であったのではないか。教団がそうした強靭な構造（生命維持装置《サバイバル・システム》）をもてばこそ、「世間《セケン》ニ住人《スムヒト》、世ヲシソコナイテ、御流《ゴリウ》（本願寺教団）ノ内ヘタチヨリ、身ヲ隠スハヨシ」（二三〇頁）といわれた。

つまり「御流（本願寺教団）ノ内ヘタチヨリ、身ヲ隠ス」というのは、飢餓や戦争の辛い世を生き残れない、数多くの難民や、世をはみ出した牢人たちを、本願寺教団は包容し匿《かくま》っていた、という。真宗教団というのは、不遇な人々にとって、大切な生き残るための組織（生命維持装置）でもあった、というのである。

これは、真宗教団の本質についての、とても重要な証言であり、広く一向衆の寺の組織や、寺内町の門徒たちの職業構成についても、同じ視点から検討してみることが、今後の大きな課題になるであろう。

このような、飢饉に強い頭屋（幹部門徒）の構成から、本福寺門徒の中核は非農業民（職人・商人層）であった、と説明しても誤りではない。だがそれだけで、世の慢性的な飢饉状況を無視しては、危機管理型の門徒団の特質は明らかにできない。

危機に期待される有徳人

また冒頭におかれた「田作リニマサル重イ手ハナシ」という、農民の辛苦に同情を寄せる哀切のことばをみれば、この「生き残り組織」の底辺に、凶作に弱い農民たちが、大きな比重を占めていたらしいことも、疑うことができない。かれらもまた、門徒になることによって、「御流《ゴリウ》（本願寺教団）ノ内ヘタチヨリ、身ヲ隠ス」ことができ、生き残ることができた、とみなければならないからである。

また、先に見た、農民よりも商人（農村よりも都市）の方が飢饉に強いという証言も、⑤の「ウトク《（有徳）》ノ人サウサク《（造作）》ヲハヤラスル《（流行）》」（有徳人は飢饉の年にさかんに造作をする）という証言も、それに続く「万ノモノヲアツラユル《（誂）》ハ、フンケンシヤ《（分限者）》ナリ」ということばも、不景気の年をねらって、有徳人・分限者は大いに金銭を投じて事業を起こし、結果として人助けをする。それゆえにこそ、彼らは世間から「有徳人」（徳のある人）と呼ばれた、という重要な示唆を、私にあたえてくれた。

これまで私たちは、「長禄寛正記《ちょうろくかんしょうき》」にみえる、「時ノ将軍義政公ハ……山水草木ニ、日々、人民ヲツイヤシ、……国ノ飢饉ヲアハレミ玉フ事ナク……」（将軍足利義政は大飢饉をよそに「花ノ御所」など大土木事業で民衆を苦しめた）という記事を真に受けて、「幕府財政の窮乏や寛正の大飢饉などの災禍をも顧みず、盛んに土木を興した」と、素朴な批判を義政に浴びせてきた[7]。

だが、もし明晳の先の証言⑤が事実なら、飢饉状況というのは、金持ちの施主（有徳人・分限者）にとっては、安い労働力や資財を楽々と確保するのに、有利な環境であっただけではなく、権力者の企てる飢饉さなかの造作や普請も、権力が集積した富を放出して、飢餓にあえぐ人々に再配分する重要な回路であり、（飢饉さなかの戦争とともに）大規模な公共投資（危機管理策）、という性格を秘めていたことになる。

だから、もし有徳人・分限者が、世の危機に期待される役割を果たさなければ、暴力による略奪の対象とされたのであった。

3　一揆蜂起と飢饉状況

永正三年の北陸一揆

一揆と飢饉といえば、先に「実悟記《じつごき》」や「東寺過去帳《とうじ》」の分析を、日本で進めていた、当時ハーバード大学院生であったキャロル・リッチモンド氏は、永正三年（一五〇六）の北陸一向一揆が深刻な飢饉を背景としている、という事実に注目した。

この着想に衝撃をうけた私は、協力して「東寺過去帳」の複雑で豊かな裏書を整理するとともに、手作りの飢饉災害情報《データベース》の構築を心掛けた。

永正三年の一揆というのは、その春先から晩秋にかけて、広く北陸全域から東海・近畿をおおって、「諸国土一キ（揆）発《おこ》」るとか、「国中一揆」といわれた、一向宗を巻きこむ激動の全体を指している。

ここでは、特に激しい戦争が行われた、北陸一揆の環境に注目してみよう。この永正三年の北陸一揆は、金龍静《きんりゅう》氏によって「非門徒諸階層を含んだ『一国之一揆』によって戦われ」「同時多発的に北陸一帯で一揆の起きた理由は……『一向一揆』を内包していたからに他ならない」とみられている。[8]

この北陸一揆の概要は、リッチモンド氏の着目した「東寺過去帳」永正三年の項に、ほぼまとめて記された、①〜⑧にうかがうことができる。

①越中国神保已下《いか》敵御方、合戦死亡幷《ならびに》海没輩数千人
②諸国在々所々病死・刀死・餓死・夭死《ようし》輩、数千万人幷禽獣《きんじゅう》魚虫等
③加賀・能登・越後(中)・美濃・尾張等、諸国一向衆蜂起、戦死輩、数千人
④洛中洛外在々所々夭死族数輩
⑤諸国疫癘《えきれい》死亡類数千人
⑥越前・美乃已下国々一向衆其外《そのほか》、両方死亡類数千人、鳥獣魚虫等
⑦在々所々洛中洛外、喧嘩等死亡族数百人、鳥獣魚虫等
⑧於大和・越前・越中・能登・美乃(美濃)・近江・伊豆・駿河・山城・丹後等、諸国一向衆幷其外、
　軍陣・乱逆・喧嘩等、死亡輩数万人

諸国一向衆の蜂起の事実を記すのは、①③⑥⑧である。これらによって、一向衆の蜂起が、北陸

の越前・加賀・能登・越中から、東海の美濃・尾張・三河や近畿の諸国にまで広がり、激戦によって多くの死者を出していた様子がうかがわれる。

しかも併せて、②諸国在々所々病死・刀死・餓死・夭死輩、④在々所々夭死族、⑤諸国疫癘死亡類など、病死のほか刀死（戦死）・餓死（飢餓による死）・疫癘死（疫病による死）・夭死（幼い者の死）が連記されている。決まった供養の形式ともみえるが、それだけではあるまい。

数千万とか数千という死者の数字は、多数の死という以上に解すべきではないが、この永正三年の一向一揆の蜂起のあと先、世に餓死・疫死など、非業の死が少なくなかったことまで、否定すべきではない。

永正三年という年

これらの記事を、手作りの飢饉災害情報と照合してみよう。

北陸一揆の震央にあった能登の「永光寺年代記」はもっとも直接的で、永正元年（一五〇四）は「天下飢饉」、翌二年には「天下疫災、人民死、能登・越中土一揆也」、翌三年九月には「長尾《ながお》信州（能景《よしかげ》）討死」と報じていた。大飢饉から天下の疫災へ、年ごとに事態が深刻化して、多くの死者を出し、そのさなかに能登・越中の「土一揆」や長尾氏との戦争が起きていた、というのである。

この年代記は、戦国初期のころ能登の曹洞宗永光寺の住僧が諸記録を抜粋・編集したもので、一級史料とはいえないが、地元能登の貴重な記事も少なくない、という。

能登・越中土一揆の年次に、一年のずれがあるのは注意を要するが、天下の飢饉・疫災と、地元の土一揆を連記した鋭い観察は、「東寺過去帳」とよく符合する。

同じ北陸で戦国の永禄四年（一五六一）に成立した、加賀の「産福寺年代記」は、この「能登・越中土一揆」を、永正三年「能登・越中百姓、侍退治《さむらいたいじ》」と記していた。

永正三年は、上野《こうずけ》でも「諸国麻疹《ましん》流行」といわれた。甲斐では「春のツマリニ、秋吉ケレドモ、物モツクラヌ者、イヨイヨ明ル春マデモ貧ナリ」といわれ、この秋は豊作だったが、前年の大凶作のため、貧者は苦しい「春のツマリ」の端境期《はざかいき》を乗り切れずに飢えていた、という。

大飢饉はことに十五・十六世紀の間にあいついでいた。

明応七年（一四九八）に起きた東国一帯の巨大地震のあと、翌八年の全国的な大凶作にはじまり、文亀元〜三年（一五〇一〜〇三）の「大旱魃・天下飢饉」を経て、問題の永正三年の「諸国麻疹流行」に至るまで、じつに十年間にもわたっていた。

能登の年代記に「天下疫災」とあった一揆の前年は、陸奥の会津では「日本国大きゝん……大けかつ（飢渇）にて、人三千人飢死」と記され、武蔵では「大疫により、万民死す、同じく大飢饉、村此の時絶ゆ」とあり、無数の死者のために、山門《さんもん》（比叡山延暦寺）で施餓鬼《せがき》が行われた、という。[9]

永正三年の北陸一揆は、端境期の春から収穫期の秋の間に起きていた。これら諸年代記が共に認識していた、百姓たちを主体とした土一揆の蜂起（一揆の戦争）と疫病（深刻な飢饉）との深い関わりを、これまで私は見逃してきたのであった。

家康の出した徳政

さて、〈一揆蜂起と飢饉状況〉という示唆をもとに、他の一向一揆をみると、永禄六年（一五六三）に起きた、三河一向一揆が終息に向かった、翌七年を通じて、徳川家康が味方中に行った特異な徳政が注目される。

①本知《ほんち》のうち、永代売・借米銭、今度、敵方に成る者の借儀……一切納所《なつしよ》なく、取らるべく候事、（同年正月二十八日、松平主殿助宛）

②敵方寺内において、其の方借用の米銭等、たとえ無事に罷《まか》り成るといえども、御返弁あるべからず候事、（同二月三日、三蔵宛）

③去年中一揆の刻、返弁あるべからざるの一札、

つまり家康方では、暮らしに窮して、敵の一向一揆方に永代売りした田畠や、一揆方から借り入れた米銭の返済が大きな負担となり、戦後にその措置が大問題となっていた。

その対策として家康は、敵方寺内から借りた米銭などは、仮に和平が成立しても、返却するのを禁止し、事実上の債務破棄＝徳政を行ったのであった。

右の①や②の措置は、③では、「去年の一揆の時の借用は、返してはならぬという証文」とも呼

ばれるから、かなり広範に行われていた模様である。なお、敵方債務の破棄策は、天文初年以来、今川領でもくり返し行われていた。

この三河一揆を、家康側から描いた軍記「参州(三河)一向宗乱記」にも、見逃せない記事がある。

さて本願寺宗は、野寺村本証寺・佐崎村の上宮寺・針崎村の勝鬘寺・土呂村の本秀寺、いづれも豊饒の大地也、

と、まず前段に、一向宗四か寺の豊饒ぶりを特筆するが、後段では、これに対する家康軍の窮迫ぶりに触れて、一揆蜂起の原因について、異説をあげる。

凶作の永禄六年秋、岡崎から鷹狩りに出た家康が、この地域の一向衆の裕福な大寺であった佐々木上宮寺に、「豊年に返弁すべき間、米をかしたべ」と、豊作の年に返却するという条件で、借米を申し入れたという。しかし、寺に拒絶された仕返しに、徳川軍は寺方の稲の略奪をさせた。これに一向衆方が反発したため、一揆が蜂起した、と伝える。

また異説には、兵粮に窮した家康方の兵士が「佐々木上宮寺の門前に干し置きたる穀物を濫妨《らんぼう》(略奪)」したのを憤って、一向衆側が一揆を起こした、ともいう(10)。

凶作の中の一向一揆

これら永禄五〜七年（一五六二〜六四）にわたる、軍記の伝える一向衆の寺方の豊饒と、家康軍の窮乏・濫妨（一向衆に対する凶年の借米や略奪）と、三河一向一揆の蜂起（一向衆と家康軍の戦い）と、戦中・戦後の家康の徳政措置（一向衆関連の債務破棄）との間には、おそらく密接な関連があったにちがいない。

試みに、手元の気象災害情報を参照すると、①永禄四〜五年は二年続きの「疫病」（加賀）・「大疫」（能登）・「稲皆損」（甲斐）、②永禄六年は「世の中言語道断に悪」（甲斐）・「大洪水」（常陸）、という凶作状況が知られる。

もとよりすべての一揆や戦争を、飢饉との関連で説明できるわけではなく、相互の関連性のくわしい追究も、今後の課題である。しかし、本福寺の飢餓の体験談、永正一揆の飢饉情報、三河一揆の原因譚などに、慎重に耳を傾け、戦国の飢饉災害の情報にも目を向けると、これまで慢性的な凶作状況を視野にいれなかった、一向一揆論の通説にも、新たな再検討の余地があるように思われる(11)。

4 戦場の中の一向一揆

一揆・雑兵・略奪

一揆軍の構成

次の主題は、小著『新版 雑兵たちの戦場』(朝日選書)の目で、一向一揆の戦場をみたら、何が見えてくるか、である。まず、一向一揆の軍記の伝える、一揆軍の構成をみよう。

長享二年(一四八八)の加賀一向一揆を描く「官地論」(12)は、坊主衆・国衆《くにしゅう》・百姓のほかに、「そのほか雑兵、数を知らず」とか、「同宿・若党を引率して、都合、その勢四万余騎」などと、一揆方の軍勢にも、信者だけでなく、無数の出稼ぎの傭兵たちがいたことを示唆する。

また、「参州一向宗乱記」も、「近郷の牢人《ろうにん》を駈け催し、野心の用意専らに」とか、「不和なる御家人を語らひ、浪人を招き集め」とか、「一揆方は……はかばかしき武具もなく、ただ僧徒・浪人のみにて」などと、一揆方の軍にも、寄せ集めの牢人が傭兵として数多く含まれていたことを、くり返し強調している。

これは家康側の軍記だけに、一揆方の無頼ぶりを印象づけようとする意図もみえるが、それだけではあるまい。先にみた「世間に住む人、世を為損《しそこな》いて、御流《ごりゅう》の内へ立ち寄り、身を隠す」という、世人の本願寺教団評は、こうした一揆構成への関心からも、見逃せないものがある。教団（いわば難民救済組織）の中に逃げ込んで身を隠し、「牢人」と呼ばれた、膨大な末端の人々の存在が見えてくる。

「本福寺跡書」にも、「ハヤキ者《モノ》」とか「透波《すつぱ》ノ手柄師《てがらし》」「曲者《くせもの》」といわれた、凄腕の有力門徒が登場する（一九九頁）。

寛正六年（一四六五）正月、山門方（延暦寺西塔院等）の「アク僧百五十人バカリ」のほか、「御近所ノ悪党等（東山の犬神人《いぬじにん》等か）モ、オリヲエテ人数ニクハハリ」（「本福寺由来記」）、京都東山の大谷本願寺の破却が強行され、「御財物《ヲタカラモノ》ハ残《ノコ》サズ、ワレモ〳〵ト奪取《ウハイト》リ畢《ヲハ》ンヌ」（一九八頁）という、大掛かりな略奪にさらされた。

そのさなか、本願寺順如の長太刀《ながたち》が敵に奪われるのをみた、近江野洲郡の赤野井《アカノヰ》門徒の野干《キツネ》五郎太郎という「ハヤキ者」が追跡して、「シヤツ原《バラ》、ドコヘノガスベキト、ケタヲシテ」取り返した、という（一九九頁）。

この「ハヤキ者」は、下総の「結城氏新法度」にいう「悪党その外、走り立つもの、一筋ある物」（二七条）や、武蔵松山城主上田氏の募った「夜はしり・夜盗いたす者」や、上杉謙信の駆使する「夜わざ鍛錬の者」など、悪党的な傭兵の姿を連想させる。[13] 本願寺方の寺の軍にも、こうした腕利きの雑兵たちが少なくなかったのであった。

京の町衆と透波の手柄師

一方、大谷（本願寺）破却の急報を受けた、近江堅田（大津市）の本福寺門徒たちは、「腹巻武者《ハラマキムシヤ》八十人以上」を中心に、「ソノ勢弐百《セイニヒヤク》余人」で大谷本願寺へ駆けつける。この本福寺軍も、過半は雑兵たちであった。

　ところが、大谷本願寺へ戦争見物に押しかけた京の町人たちが、これら門徒武者の高価な装備に目をつけて、「見事《ミコト》ノ佩刀《ハキモノ》ナリト、ゲジ〳〵アハセヲシテ、仕崩《シクツ》サン」（隙あらば襲いかかって奪い取ろう）と狙っていた。民衆の戦争見物というのも、じつは戦場の略奪が目当てであったことになる。よく知られた村々の一揆の落人《おちうど》狩りなども、その一側面に過ぎなかった。

　これをみた門徒の重鎮「カタ、イヲケノ慰《セウ》」は、「チツトモ町《マチノ》ヤツ原《ハラ》、緩怠致《クワンタイイタ》サバ、続松《タイマツ》ヲ手《テ》ニ〳〵モテ、町《チヤウ》々へ火《ヒ》ヲカケ焼崩《ヤキクツシ》」（もし町の奴原が門徒軍に手を出せば、続松の火をかけて京の町々を焼き払うぞ）と、高声に脅して町人たちを怯《ひる》ませた、という。

　この堅田イヲケノ慰《じょう》（尉）は、飢饉に強い桶屋を生業とする本福寺の古参門徒で、「コノ慰《セウ》、スマイノギヤウジ、スツパ（透波）ノテガラシ（手柄師）、軍《イクサ》ニ意得《コヽロエ》、人《ヒト》ノ見知《ミシリ》タル」とか「カノ慰《セウ》クセモノナル間、京ノ者《モノ》モ少々《セウ〳〵》ハ見知者《ミシルモノ》モアリ」といわれていた（「本福寺跡書」一九九頁）。

「スマイノギヤウジ」（相撲の行司）というのは、神事や辻々などで、土俵もなしで荒々しい格闘技を競い合い、激しい喧嘩を誘発して、しばしば禁制の対象になった、豪腕の相撲人たちのまとめ役であった。

また「スッパノテガラシ、軍《イクサ》ニ意得《コヽロエ》」とあるスッパ（透波）は、野伏や強盗で武士に雇われて、忍びや夜討に活躍する者をいい（『武家名目抄』職名部）、テガラシ（手柄師）や「軍ニ意得」というのは、「ヒヨグノトリアツカヒ、ヘイホウノテガラシ」（兵具の取り扱い・兵法の手柄師、「バレト写本」）や、「剣術またはその他、手を用いる行為のすぐれている人」を意味した（『日本国語大辞典』）。

彼は御禁制の相撲興行を企て、腕利きの忍びで、戦闘の心得があり、どこの戦いにも雇われていたから、京の町衆にもよく顔を知られた曲者であった。

略奪に満ちた一揆の戦場

この「相撲《スマイ》ノ行司《ギヤウジ》・透波《スッパ》ノ手柄師《テガラシ》・軍《イクサ》ニ意得《コヽロエ》」という門徒像は、先の「ハヤキ者」ともども、さながら中世の悪党であり、先に見た「世ヲ為損イテ……身ヲ隠ス」一味を率いて、戦国の世を渡り歩いていた、凄腕の傭兵集団（足軽大将）像そのものである。かつて私は農民主体の、村の百姓の一向一揆像ばかりを思い描いていたが、それは素朴で一面的に過ぎなかったことになる。

それに、一向一揆の戦場も、あらゆる略奪に満ちていた。

応仁二年（一四六八）三月、山門による「堅田大責《おおぜめ》」のときも、堅田方では「ワレモ〳〵ト、海ノ中ニ、オキニユカナントヲカキテ、ヨロツサイホウ・アシヨワヲ、オキタリケル」（『本福寺由来記』）という対抗策を取った。戦火と敵の略奪に備えて、あらかじめ家財や足弱《あしよわ》（老人・女性・子ども）を琵琶湖の沖の筏《いかだ》に避難させていた、というのである。

また、明誓が異様な執念をこめて「預《あず》ケモノ」の心得をくり返し詳しく説くのも、本願寺による法宝物《ほうほうもつ》（寺の財物）の没収対策だけではなく、戦乱の略奪に備えた対策であったことは疑いない。明誓はこうした厳しい破門と飢饉と戦争のさなかに、「本福寺跡書」をまとめあげていたのであった。

一揆と信長の戦場

信長の一揆掃討作戦

次は、天正三年（一五七五）八月に、織田信長が越前の一向一揆の再征を強行し、一乗谷に乗り込む直前の戦場の光景である。

①国中の一揆、既に廃亡を致し、取る物も取り敢えず、右往左往に山々へ逃上り候、推し次第、山林を尋ね捜《さぐ》って、男女を隔てず、斬り捨つべきの旨、仰せ出され、

②八月十五日より十九日迄、着到《ちゃくとう》の面、諸手より搦《から》め捕り進上候分、一万弐千弐百五十余と記すの由なり、御小姓衆へ仰せ付けられ、誅《ちゅう》させられ、

③其の外、国々へ奪い取り来る男女、其の員《かず》を知らず、

④生捕と誅させられたる分、合せて三、四万にも及ぶべく候歟《か》、

この戦争は、信長が越前の朝倉氏を滅ぼして以後、権力が転変し「一揆持《も》ち」の本願寺領国と化していた、旧信長領国の奪回を目指す、いわば復讐作戦であった。①〜④は、その一揆掃討の作戦の核心を描く。

①このとき信長は、軍に追われて山籠《やまごも》りした、地元一揆勢の男女の山狩りと皆殺しを命じた。②やがて諸大名軍によって生捕《いけど》られ、信長のもとに連行され、殺された一揆方の人数は、公式の届け出（着到）によれば、一万二二五〇余人もあった。さらにその外に、③届け出もなく、諸大名軍の国元へひそかに連行された男女も、数えきれないほどいたから、④これら生捕（戦争奴隷）と信長に殺された一揆方は、合わせると三、四万には上ったはずだ、という。

この戦時に、信長の陣にきていた、大和の大乗院門跡尋憲も、その日記に「山狩りて、一揆共切りすてつかまつり、数のしるしには、鼻そぎて持ち来る、其の外、二百余生け取りて来り、陣屋の西の田にて、ことごとくもつて首を切る」と明記していた(14)。この一揆の大量虐殺や鼻削ぎが事実だったのは確かである。

だが、先に私が一揆掃討の証拠とした①〜④をよく読むと、②信長軍の山狩りで殺された者もたしかに一万余人を超えたが、それよりも③④諸大名軍にこっそり生捕られ、ひそかに国元へ連行された人々（戦争奴隷）の方が、その二〜三倍にものぼっていた、というのである。

つまり、信長の根切り（皆殺し）策の犠牲者よりも、戦場で奴隷狩りされ、戦争奴隷として強制連行された人々の数の方がはるかに多く、③を②に加えて大量虐殺の証明とするわけには行かないことになる。

たしかに『信長公記』には、一向一揆の戦場以外にも、徹底した山狩りや虐殺の描写が少なくない。たとえば、天正六年（一五七八）十一月、六甲攻めの時、戦火を避けた「在々所々の百姓等、ことごとく甲山へ小屋上り」すると、「御断り《おことわ》（届け出）も申し上げず、曲事《くせごと》（違法）」と怒った信長は、「諸手の乱妨人」を差し向け、「山々をさがし、あるいは切り捨て、あるいは兵粮、その外思ひ〳〵に取り来たる事、際限なし」という惨状となった。状況は越前一揆のそれとそっくりである。この記事も焦点は、乱妨人による人や兵粮の略奪にあった。

村に近い山に「小屋上がり」（村の城に籠城）した、敵方の百姓たちの山狩りを委ねられたのは、信長方の雑兵たちから選ばれた「乱妨人」の精鋭（ゲリラ作戦のプロたち）であり、彼らの手によって、徹底した切り捨てや略奪が際限なく行われた、という。

「乱妨人」というのは、先にみた「ハヤキ者」「スッパノ手柄師」などともよく似た、悪党的な雑兵集団を指している。この「乱妨人」作戦では、「切捨」よりも「兵粮その外……取り来」るのが特徴であった。人や物の激しい略奪は戦国の戦場の常であり、これを信長による異常な根切り作戦の一環、とだけみるのは適切ではない。

百姓免除の制札

さらに信長の対越前一揆戦の性格を確かめるには、彼が戦場の村に交付した制札にも注目する必要がある。

戦場となった越前の興福寺領（河口庄・坪江庄）の保障（安堵《あんど》）を得ようとして、大和の奈良から、はるばる激戦さなかの信長陣中を訪ねていた、領主の大乗院尋憲は、一揆衆の虐殺を目撃して、所領の安堵よりも、住民の赦免こそが先決（百姓モライ免除サセタク）、という切迫した事態に気づく。

そこで、かねてゆかりの大和守護の原田（塙）直政や、地元の事情に詳しい魚住隼人正（朝倉旧臣）など、信長の家臣たちを頼って、信長に「免除の制札」（敵対停止の令書）を申請する。すると、「是非なく候」（仕方のないことだ）と、尋憲が歎くほど、多額の「制札御朱印銭」（制札交付の礼金）を信長に請求され、それと引き替えに、ようやく、河口庄十郷から坪江庄上郷にわたる、領内の村ごとの「両庄免除の制札の朱印」を交付された。

「免除の制札」の内容は、信長が自軍に①濫妨狼藉・②竹木伐採・③放火を禁止し、村々の保護を命じる、三か条の「禁制」であった。この①〜③の攻撃行為を、これらの村々に「免除する」というのであった。

この類の禁制はふつう「庇《かば》い（保護）の制札」と呼ばれ、文言も定型化されているのが普通である。文言がごく一般的なだけに、①〜③の意味が、まだ特定されたことはない。

制札①〜③の意味や内容を知る、よその手がかりをあげてみよう。

とくに注目されるのは、伊達氏「塵芥集《じんかいしゅう》」一五一～一五二条「科人成敗《とがにんせいばい》」の箇条である。その核心は、警察権の執行に伴う暴力を規制した措置にある。その焦点は、［1］財宝・牛馬・眷属《けんぞく》の処分、［2］作毛・竹木・家垣の処分、［3］在所の放火、という［1］～［3］の三つの検断の暴力＝略奪を抑制することにあった。

この［1］は信長禁制でいえば①の濫妨狼藉に、［2］は②の竹木伐採に、［3］は③の放火に、そっくり当てはまる。つまり、広く戦場の村に宛てた禁制三か条①～③というのは、中世的な検断の暴力の抑制を目ざす、［1］～［3］の枠組み（戦国法のねらい）を受け継いでいた。そこで、自軍に［1］財宝・牛馬・眷属の略奪・［2］作毛・竹木・家垣の略奪・［3］在所の放火など、総じて見境のない検断の暴力＝略奪に抑制を求めるのが、核心であったことになる。(15)

ただし、この禁制三か条には、したがって、もともと領主の期待する、所領安堵（領主に対する領地の保障）という意味は含まれていなかった。だから信長は、領主尋憲の切実な期待に反して、村人の安堵［1］～［3］は認めるが、所領安堵は保留だ、と通告した。人の安堵（一揆百姓の免罪）は、土地の安堵（領主権の保障）を意味しなかった。

人の安堵の客体は、領主の尋憲ではなく、荘域の村々（河口庄＝本庄・新庄・新郷・大口・兵庫・荒居・王見・関・溝江・細呂宜、坪江庄＝坪江上郷・坪江下郷）であった。だから信長方は、あくまでも村自身を当事者として、それらの村々が、信長の朱印を受領するか否か（郷ごとの主体的な降伏の意思の確認）を重視した。

それを知った尋憲や原田の従者たちが、四日間もかけて、「制札の受領＝降伏」を村々に説得して歩いたが、現地は戦場と化して、「ことごとく家やけ候故に、人、在所に一人もこれなし」という、無人状態となっていたから、制札の使者のもとに出頭して、制札を受け取ったのは、わずかに兵庫郷一村だけであった。

この状況をみた信長側は、「朱印頂戴致すべからざる由の間……御朱印早々返し候へ、朱印頂戴申されざる処は、永代直り置くべからず」（朱印の受け取りを拒否する村の制札は、早々に返上せよ、それらの村はもとの村に「直る」ことを認めない）と強硬であった。朱印制札を受領するというのは、一揆方の百姓の村として「信長の平和」に従うという、自発的な降伏の意思表示（不受領は敵対）を意味していたからであろう。

還住の保障

「直る」といえば、たとえば、天正九年（一五八一）末、信長の下で中国制圧を進める羽柴秀吉が、因幡（鳥取）の亀井茲矩《これのり》に「近辺百姓等、忠節の在所、引き直す（還住《げんじゅう》）の由、然るべく候、……忠・不忠をあい糺《ただ》し、申しつくべく候」（軍に協力する百姓たちは、忠・不忠をよく見届けて、忠節の百姓は村へ返せ）と指示していた。この「引き直す」というのも、「直る」と同じことであった。(16)

同じく還住（村に直ること）を許す条件として、村々の住人ごとに、その主体性を重視していた例に、堅田大責といわれた戦いで、村から避難した人々の帰村がある。

地下《チケ》住人《チユニン》ノ悴《カセモノ》トハイヘドモ、配当《ハイタウ》ノ礼銭《レイセン》ナキ人ハ、ソノ砌《ミキリ》、地下《チケ》ノ別《ワカレ》ヲナス、又《マタ》、人《ヒト》ノ下人《ケニン》・下部《シモヘ》・譜代《フタイ》ノモノニハ、出銭《シユチセン》ヲイタサセズ（「本福寺跡書」・「本福寺由来記」）

ここでは、正規の共同体成員であった村の住人たちが、元通り個々に村に帰るためには、所定の「礼銭」を支払って、村に「直る」意思表示をすること、もし払わない者は村に戻ることを認めない、としていた。これは中世社会の還住の習俗（村に直るための習俗）であったにちがいない。

さて、さきの越前では、信長側の厳しい姿勢に驚いた尋憲は、従者に対して、もう一度、村々に赴いて「制札を頂戴あるべきや否や」（信長の制札を受け取る意思があるか否か）を確認せよ、と指示した。

しかも、今度は信長の家臣だった魚住氏に頼みこんで、「此の朱印に任せ、おのおの罷《まか》りなお（直）り申すべし」（この朱印を信じて、みな村へ戻れ）という副状《そえじょう》をもらって、それに「河口十郷百姓、免除の事……此の旨にまかせ、早々還住いたすべし」（この副状を信じて百姓たちはみな村へ帰れ）という、尋憲自身の令書を添えて、使者を再び現地の村々に送った。

すると今度は、八つの郷で制札の受け取り手が現れた。しかし、信長軍が現に在陣する新庄郷では、村を訪ね廻ったが、村人は一人もおらず、細呂宜郷では「一人も郷人相なを（直）らず」（一人も村に帰らず）と、村に帰るのを拒否されてしまった。

ともかくも信長の出した安全保障の朱印制札を、受け取る郷が大半にのぼったのは、「此の朱印に任せ、おのおの罷り直り申すべし」と明記した、信長家臣の副状の威力であったにちがいない。

領主の尋憲も「百姓免除……還住いたすべし」（百姓たちは許し、村へ返せ）と伝えた通り、信長重臣の副状によって、「庇いの制札」（略奪からの保護）は、戦後処理を意味する「還住の制札」（免罪帰村の保障）に性格を変えていた。

こうして、大半の村々では、一揆百姓たちが罪を赦されて「直り」＝「還住」することを公認された。還住した百姓に非本願寺派への改宗（帰参）が求められるのは、この直後のことである。

以上の経緯からみて、人と物の略奪や放火は、あらゆる戦場の常であり、信長軍が一向一揆だけを狙った、根切り策だけであったわけではなかった。

一揆と秀吉の戦場

秀吉の放火禁止令

最後に、秀吉と一向一揆の戦場の結末も、見直してみなければならない。

天正十二年（一五八四）三月、小牧・長久手戦のさなか、秀吉が家康方についた「雑賀《さいが》・根来《ねごろ》成敗」に乗り出す、という噂が広がると、雑賀衆・根来衆は、秀吉方の和泉岸和田城に、海陸から先制攻撃をかけ、小木の鳥羽・中村・シヤクゼン寺・畠中・沢など、「下和泉ノ一揆」の在所に城を築くが、ほどなく撤退する。

だが、「下和泉ノ一揆」のうち、一向衆の畠中城（百姓持タル城）と沢城（雑賀衆ノ持タル城）だけは、「在所はことごとく放火候へども、城をバ相拘《かか》へおはんぬ」といわれた。城外の村は放火されたが、城は落ちなかった、というのである。(17)

その一年後の三月、秀吉自身が大軍をもって「根来寺・雑賀成敗」に乗り出し、前年に和泉国内に築かれた、一揆方の村々の拠点に総攻撃をかける。

①最初の攻撃で、根来寺衆の籠る千石堀《せんごくぼり》城は、殲滅《せんめつ》されて放火（乗り崩し……城内の根来寺衆ことごとく討ち果し、火を懸け）された。だが②「百姓持タル城」といわれた畠中城は「自焼シテ、ことごとく取り退」き（自分たちの城に火をかけて、進んで退城し）、③「根来寺衆ノ城」であったシャクゼン（積善）寺城は、「扱《あつかい》にて落城、放火におよばず」と、調停によって放火を免れ、④「雑賀衆ノ持タル城」であった沢城は、猛攻にあったが、やはり「扱にて落城、放火ナシ」といわれた。③と④の「扱い」というのは、講和によって降伏したため、放火されなかった、というのである。すべての一揆方の城が、秀吉軍の焼き討ちにあったわけではなかった。

なかでも「百姓持タル城」といわれた畠中城の存在は、「村の城」の存在を示唆して見逃せない(18)が、いま注目したいのは、殲滅・落城・放火という徹底攻撃をうけたのが①だけで、②は自焼・退去、③と④は扱・落城で放火もされなかった、という事実である。

放火する略奪者たち

この①〜④では、城の放火を免れたか否かが、とくに重視されている。その点で目につくのは、⑤「由良寺、放火ニテハナケレドモ、衆僧モ寺ヲアケニゲチル、濫妨人等打入テ、寺中退転之式也」という記事である。由良寺は敵軍の放火を免れたにもかかわらず、寺僧たちは奴隷狩りを恐れて逃亡してしまったため、寺は敵の濫妨人（ゲリラのプロ）の勝手な略奪にさらされ、火をかけられて没落してしまった、というのであった。

放火と略奪の一体性について、傍証は多い。

かつて足軽の出現を嘆いた一条兼良《いちじょうかねら》「樵談治要《しょうだんちよう》」は、「火をかけて、財宝をみさぐる」といい、軍記「応仁記」も「乱妨人火ヲカケ……物取共ガ火ヲ放ツ」などと語る。乱妨人・物取り・悪党による放火は、ほんらい略奪と一体のものであった[19]。

だから、③と④の一揆の城でみた、放火禁止の措置も、明らかに人や物の略奪禁止を意味していた。⑤「由良寺、放火ニテハナケレドモ」というのも、さらに⑥「根来寺ハ、放火アルマジキ由」というのも、同じ措置である。

これら②〜⑥の寺は、公式には放火禁止とされたのであったが、現実には「イヅクトモナク、所々ヨリ焼出テ、悉《ことごとく》相果訖《あいはておわんぬ》……粉河寺炎上」という結果となった。秀吉の「放火禁止令」にも拘らず、自軍の「濫妨衆」の放火略奪を抑制することはできなかった。

だが、これらの一揆方の諸城や諸寺で、秀吉が放火を禁止したという記事は、秀吉の一揆収束策の性格を知る上で、見逃せない。先の③でも「根来寺衆ノこしらへて持たる城」シヤクゼン寺城が、扱いによって落城したときには、放火を免れ生命の安全を保障され、さらに羽柴秀長の指示によって、還俗して秀長に奉公するか、他所へ行って出家を全うするか「面々ノ気マカセ」にと、自由に身の振り方を選ぶことが許された、という。

見せしめの殲滅かとみられる①を別にすれば、②も③も一揆根切り策とは明らかに違う収束策であった。⑥のいわゆる「根来寺の焼き討ち」というのも、右の経過をみれば、雑兵たちによる勝手な略奪の結果であり、秀吉自身の焼き討ち政策による放火ではなかった、という事実に注目する必要があることになる。

おわりに

近江堅田の明誓の「本福寺跡書」は、私に、十六世紀前半の世の中が、飢餓と戦争のあいつぐ時代であり、一向衆の門徒団が、その飢餓と戦争に強い、危機管理型の体質を備えて、この厳しい時代を乗り切ろうとしていた、という思いがけない事実を語ってくれた。

その明誓の話にくり返し登場する、初期門徒の「イヲケノ慰」は、この危機管理型門徒団を代表する顔であった。彼は一面では「年辛《から》けれども、流行《はや》らいでは叶わぬ」(飢饉の年でも繁盛する)といわれた桶屋を職業とする一方、他面では「相撲の行司・透波《すっぱ》の手柄師《てがらし》・軍《いくさ》に意得《こころえ》」といわれた悪党型の職能をもつ、つまり飢餓にも戦争にも強い、いかにも一揆の時代を代表するに相応しい個性の持ち主であった。

もともと悪党型の雑兵たちに支えられた戦国大名軍に対し、一向衆を中核とした一揆軍もまた、このような悪党型の「手柄師」に率いられて体系化されていたという事実を、大谷破却・堅田大責など戦争の叙述を通して、「本福寺跡書」が強く示唆している。

「本福寺跡書」の描く戦場もまた、あらゆる略奪に満ちていた。飢餓のさなかの戦争も、一揆蜂起もともに、戦争・一揆によって公然化された略奪を通じて、あたかも天変地異によって、大きな偏りを生じた社会の富を、暴力的に再配分する（飢餓の中の生き残り）という役割を秘めていたことをしのばせる。

一向一揆と統一権力の戦争が、果たして、「根切り」の皆殺し戦争であったか否かについても、再検討を迫られることになった。伊勢長島や越前の戦いが、信長による復讐戦・根切り戦の様相を呈した事実は、否定し切れない。

だが、越前一揆の戦争の果てに、長崎原爆に匹敵する犠牲者を出したとみた『信長公記』の数字にも、じつは諸大名の雑兵たちによって奴隷狩りされた、いわば戦争奴隷となった人々が、過半数を占めていた、という事実を、私は見逃していたのであった。一揆の戦場でも激しい奴隷狩りが行われて、惨禍を生んでいたのは事実としても、そのまま統一権力による「根切り策（非和解的な絶滅作戦）」の証明とすることはできないことになる。

秀吉と紀州一揆の戦争も、「百姓ノ持タル城」や雑賀衆の城など、一向衆の抵抗の強靭さは注目に値する。にもかかわらず、秀吉軍による蜂起の収束過程が「扱い」「放火禁止」「赦免」「直る」ことを通じた、安堵・還住策が原則であり、その事情は（諸寺の場合、結果として濫妨衆の放火略奪を阻止できなかったにせよ）信長の場合と一貫していた。

根来寺の焼き討ちというのも、秀吉自身の政策であったのではなく、雑兵たちの略奪の結果であった。この事実も、秀吉の一揆対策や寺院政策の性格を評価する上で、見逃すことはできないことになる。

三　戦国の村の退転——戦禍と災害の村

はじめに

これまで、東国の戦国大名として知られる、小田原北条氏の研究のめざましい深化の中で、村や百姓の没落を意味する「退転《たいてん》」という言葉が、「欠落《かけおち》」（夜逃げ）や、「逃散《ちょうさん》」（村ぐるみの離村）や、「侘言《わびごと》」（提訴）などの語とともに、広く注目されてきた。

その追究の成果は、領主による退転・欠落対策や、それを転機とする支配体制の深化という、いわば大名側の見方から、主に問題にされ、その点では豊かな成果をあげてきた。

ただ、一方、その主役を演じた、退転する側の百姓の実情や、その背景については、領主・代官の収奪や戦争による被災や、それに対する百姓の「侘言」の広がりが一般的に前提され、言及されるに止まり、〈退転に直面した村と民衆の実情〉(1)や、その背景の具体的な検証については、かつて「永禄《えいろく》の大飢饉」に注目されたこともありながら、その後は、ほとんど問題にもされない傾向にあった。

いったい、戦国期の百姓の退転や欠落はなぜ起きたのか。土地に根ざす百姓の、村や耕地を捨てるほどの深刻な行動の根底にあった、直接のインパクトは何であったのか。

そのことを、大名の支配の苛酷さだけで、表面的に説明して済ますのではなく、村々や百姓たち自身が直面していたはずの、「在々所々の民屋、一宇も残らず放火、稲もことごとく刈り捨て(2)」といわれるような、村の生活と生産を破壊する戦場の村の戦禍や、「およそ去年は惣じて世間損亡《そんもう》……今年は種子・農料なんども候はで、領内多く不作(3)」といわれるような、深刻な自然災害による損亡・不作など、社会的な生活実態にまで深く立ちいって、できるだけ具体的に追究してみる必要があるのではないか。いまようやく、その方向で、鋭い試案も提出されはじめているからである(4)。

その試みの一環として、戦国盛期ともいうべき、十六世紀後半の、天文十年(一五四一)から元亀二年(一五七一)まで、実質三十年間に及んだ、北条氏康《うじやす》治下の分国で起きていた、およそ四十件にのぼる、村々や百姓たちの退転や欠落や侘言などに注目し、村々の提起していた百姓の行動を対象にしよう。

それらについて、その実態や原因や背景などを、ここでは、北条氏康の時代を、ほぼ年代順に、仮に六つの時期に分けて、手製の気象災害データベース(5)の情報を参照しながら、戦国の村の戦禍や自然災害との関連を焦点にすえて、できるだけ具体的に調べてみよう。

なお、戦国の村の退転動向や災害情報について、農耕(農事暦)との関係で、現実の季節感をたしかめるため、本文では、それぞれの年月日の和暦の下に、仮にグレゴリオ暦に換算した年月日を(6)（　）内に、たとえば天文十年七月十七日（一五四一・八・一八）のように併記した。

1　現役の北条氏康の下での退転

天文末年（一五五〇）の国中退転

村の軍役拒否と耕作放棄

天文十年七月十七日（一五四一・八・一八）、父の北条氏綱《うじつな》の死後、その跡を継いだといわれる北条氏康は、その翌々年の天文十二年二月三日（一五四三・三・一八）、虎印判状《とらいんぱんじょう》といわれる北条家の公式文書をもって、武蔵の戸部郷百姓中・代官に対して、「武州戸部郷陣夫《じんぷ》」を、当年限り「夫銭《ふせん》八貫文」で済ます（戦場での雑役を免除して、その分を銭で済ます）ことを条件に、いまなら三月という春の耕作のはじめに、「郷中へ罷《まか》り帰り、作毛《さくもう》いたすべし」（村に帰って、耕作をせよ）と求めていた。(7)

春耕をひかえて、百姓たちに「村に帰れ」とか「陣夫は、人夫ではなく、夫銭でもいい」というのは、この戸部郷（横浜市）が、戦場への村人の徴発を意味する陣夫の負担に耐えかねて、おそらく前年から、こぞって耕作を放棄して、離村していたらしい様子をしのばせる。

郷の百姓たちが、まとまって離村した直接の原因は、こうした大名側の対処ぶりからみて、陣夫の負担、つまり戦争への村人の徴発拒否であった、と推測される。あたかも天文十年初冬以来、北武蔵で北条氏と扇谷《おうぎがやつ》上杉氏との戦闘や緊張が続いていた時期であった。

ただ、戦争（陣夫の負担）のほかにも、村人が耕作を放棄して離村した深い背景として、見逃せない災害情報もある。前年秋の甲斐（山梨県）は「此年ノ秋、世ノ中一向悪ク……人々餓死候事、無限」(8)という、深刻な凶作・餓死に見舞われ、それは東国にも及んでいたらしく、翌十二年春の「東国疫病流行」(9)という伝えは、凶作・餓死と背中あわせの疫病が、関東にも広がっていたことを示唆している。

氏康の一年限りの陣夫対策からみて、村の軍役拒否・耕作放棄と、その前年の凶作に由来する疫病・餓死とが、深く関連していた可能性を想定してみたい。父の氏綱の死による氏康への代替わりは、厳しい凶作と苛酷な戦争への陣夫徴発のさなかに、行われていたのではないか。

退転に対する徳政策

さて、氏康は北条氏の分国を継いでから十年目に、全分国規模とみられる、深刻な「国中諸郡退転」という、大きな危機に直面していた。

天文十九年四月一日（一五五〇・四・二七）付、北条家印判状八通の冒頭の「国中諸郡退転について、庚戌《かのえいぬ》四月、諸郷公事《くじ》赦免《しゃめん》の様躰《ようたい》の事」にみえる、「国中諸郡退転について……諸郷公事赦免」という、分国中の諸郡にわたる、大規模な退転の事実がそれである。

この危機に対処する、国中の村々に向けた公事（年貢以外の雑税）の免除という措置が、氏康の目前にした危機の規模の大きさをあらわにする。[10] この「諸郷公事赦免」（村々の諸税の免除）という指令は、ふつう北条分国の基礎を固めた基本的な税制改革、あるいは大名の統一的な負担体系の確立と評価されて、研究者のあいだでは、広く知られている。[11]

だが、いったい何が原因で、こうした大規模な「国中諸郡退転」が発生し、氏康が、なぜ分国の立て直しを目指す根源的な「諸郷公事赦免」の徳政策に迫られていたのか。

この基礎的な課題は、なぜか、まだ十分に追究されたことはない。「退転の百姓」の退転事情、その根源の追究が棚上げにされたまま、政策（徳政）論だけが独り歩きしてきたことになる。

さて「退転の百姓」に対する氏康の危機管理＝徳政の法の骨子は、大きく次の①〜③にまとめられる。

①「諸点役《てんやく》の替《かわり》として、百貫文の地より、六貫文の懸《かけ》に出すべき趣を相定」とし、諸畠公事《くじ》（畠にかかる諸課税）の懸銭《かけせん》への一本化を図ったこと（さらに棟別銭五十文から三十五文への減額を含み、同二十一年の本棟別銭の創設の契機となる）

②地頭・百姓間の公事（もめごと）について、大名のもとに百姓の直訴を認める「目安箱」の設置を制度化したこと

③「退転の百姓」が還住《げんじゅう》（帰村）したら、過去の借銭・借米を赦免（免除）すること

つまり、①さまざまな畠公事（畠への諸課税）を全廃し、それに代わり一律六パーセントの懸銭に統合すること（ただし軍事課役＝陣夫・大普請・城米銭は務めること）。②村の直訴＝百姓の異議申し立ての、制度による保障＝目安箱《めやすばこ》制の創設。③帰村した退転百姓に対して、借財を免除すること、がその骨子である。

ことに、この③の百姓還住の規定からは、何らかの事情で、多くの借財を負い、やむなく耕作を諦めて村を捨てた、「退転の百姓」が現実に数多く、それが「国中諸郡」にわたる、広汎な村々の退転と過疎化という、深刻な事態を招いていたことを、生々しく読み取ることができる。②の直訴つまり百姓の異議申し立ての制度的な保障措置（百姓目安制）の創設も、こうした事態を収拾するための、大名側の懸命な対応にちがいない(12)。

この内容をもつ、同日付・ほぼ同文の北条家朱印状は、いま、合わせて八通の伝存が知られている。その分布の内訳は、伊豆に二通（田方郡長浜＝静岡県沼津市、同郡牧之郷＝伊豆市）・相模に三通（西郡一色郷＝神奈川県小田原市、東郡磯部郷・同郡田名郷＝ともに相模原市）・武蔵に三通（久良岐郡本牧郷＝横浜市、荏原郡南品川・同北品川＝東京都品川区）である。

つまり、「国中諸郡退転」とまでいわれた、この大名の危機管理策の対象となったのは、伊豆・相模・武蔵の三国という、当時の北条氏康の分国のほぼ全域にわたっていたことになる。こうした北伊豆から南武蔵にわたる令状の分布の広がりからみて、文字通り「国中諸郡」にわたる、切実な危機管理策であった、という様子が察知されよう。

なぜ大規模な退転が起こったか

これだけ大規模な「退転の百姓」対策、すなわち「諸郷公事赦免」対策を要した「国中諸郡退転」とは、いったい何が原因であったか。それが具体的に問われなければならない。

この対策の性格について、これまでの代表的な通説は、「過大な賦課への百姓の不満が高まったことに対する宥和策」というもので、大規模な村々の退転の事実や、①~③の氏康改革策の内容から推定された、その限りでは妥当な、一つの反対解釈である[13]。だが「過大な賦課」も「百姓の不満が高まった」ことも、「百姓侘言」の存在も、その背景も、どれも具体的に検証されているわけではない。

ここに一つの試案を提出してみたい。

この天文十九年令の発令は、春の農耕期さなかの〈四月二十七日〉であるから、広域的な百姓退転の発生の原因は、その前月から前年にかけての時期にあった、と見なければなるまい。ただ、その期間には、北条分国の北伊豆から南武蔵にわたって、広域災害を引き起こすほどの、大規模な風・水・旱・虫損などの気象災害の情報は、手元のデータベースからは確認できない。ただ一つ注目されるのが、巨大地震を知らせる、断片的な情報である。

戦国の頃に甲斐の郡内地方でまとめられた「勝山記」の、天文十八年四月十四日（一五四九・五・一一）条にみえる、

夜中の比《ころ》、ナイユリ（地震発生）申し候事、言語道断、言説におよばず候、五十二年さき（明応七年＝一四九八）のナイ（地震）程、と申し伝へ候、

という記事である。

つまり、北条氏康の「国中諸郡退転」対策が発動される、ちょうど一年ほど前の、〈五月下旬〉の夜半に、甲斐で「五十二年さきのナイ」、つまり明応七年八月二十五日（一四九八・九・二〇）に起きた、東海を中心とする巨大地震に匹敵するほどの、大変な大地震が起きた、というのである。

南関東などの北条分国で「国中諸郡退転」とまでいわれた、諸国・諸郡にわたる大がかりな退転の動因も、じつはこの大地震の波及によるものであったのではないか。今の暦日で五月下旬（一五四九・五・一一）といえば、単作地帯では、すでに稲苗の作付けを終え、二毛作地帯では麦の収穫を控えた、大切な時期に当たるはずである。南関東の村々の生産や生活に与えた、巨大地震の被害は深刻だったのではあるまいか。この仮説、つまり南関東の地震災害（甲斐地震の波及）の痕跡は、

果たして検証できるか。

地震災害説の検証

試みに戦国北条氏の史料を網羅した『戦国遺文』後北条氏編（巻一）や『神奈川県史』資料編中世三を検索してみると、巨大地震の起きた天文十八年（一五四九）四月から二十二年までの五カ年間に、伊豆・相模・武蔵にわたって、城郭・神社・寺院の再建・修造・棟別免許など、大地震後の復旧策を示唆するような記事が、累計で四十一件と、他の時期に比べてかなり多く目につく。

再建・修造などの記事の年別内訳は、〈天文十八年＝十件、十九年＝九件、二十年＝四件、二十一年＝六件、二十二年＝十二件〉となり、地震発生直後の天文十八年と翌十九年にかけて、とくに顕著な集中傾向が認められる。天文二十二年の十二件は、鎌倉の諸寺院に集中した棟別免許の件数で、大地震後の寺院復旧に、氏康による公的な援助が行われた徴証、とみる余地もある。(14)

なお、この天文十八年の巨大地震発生の直後、甲斐の武田氏は、いち早く分国規模で、「徳役」という棟別銭《むねべちせん》の賦課の方針を打ち出して、すばやい危機対応を示していたことが、いま注目されている。(15)それに比べると、関東の氏康の場合は、分国規模の危機管理に、やや遅れをとった印象が否めない。ただ、猶予を許されない春耕期に直面して、広域に打ち出された、村と百姓の生命維持策としては、武田氏よりも、はるかに本格的な対応であった様子が認められる。

なお、同じ天文十九年の七月十七日（一五五〇・九・八）に、相模の西郡で「小竹・上町問答」

の決着（「問答の地八反半廿歩……上町へ落居」）を背景として「下中村（神奈川県小田原市・二宮町）上町分検地帳」（本光寺宛）の再調整が、北条氏によって行われていた。(16)

村落間の田地の帰属をめぐる「問答」が、この「国中諸郡退転」対策の過程で、大名の関与の下で起きていたことも、大地震との関連や、天文十九年令②の目安保障策との関連をもうかがわせて、興味を引かれる。

また翌二十年六月十日（一五五一・七・一三）、北条家朱印状が西浦の百姓中と代官に宛てて「西浦五ケ村あんど抱え候、百姓等子共、ならびに前々よりの舟方共、地頭・代官に断わらずして、他所の被官に成り候事、停止せしめ候」と、百姓たちがよその領主に奉公に出ることを禁止し、「我《わが》儘《まま》いたし候者共、召し返し、前々のごとく、五ケ村へ返し付くべし」と付記していた。(17) 五つもの駿河の海村（静岡県沼津市）にわたる、深刻な問題になるほど頻繁な、村の若者や舟方たちを含む村の流動化・過疎化もまた「国中諸郡退転」動向の余震であったかもしれない。

なお、分国外にも、大地震の被害の波及を示唆する情報がある。同じ天文十九年に、今川分国の豊田郡（静岡県）では、「犬居三ケ村」の百姓が耕作を放棄して、よその村を徘徊《はいかい》していた。(18) また、同年二月二日（一五五〇・二・一八）に、今川義元が「駿河興国寺（沼津市）御普請《ごふしん》」を行ったり、(19) 同二月廿五日（三・一三）付で、駿河沼津郷の内、妙覚寺（沼津市下河原）に、地子《ちし》・棟別・四分一《しぶいち》人足・陣僧・飛脚等を免許したのも、(20) 北条氏の対応とよく似た、地震災害への復旧支援策とみる余地もある。

以上が、天文十九年の氏康領の「国中諸国退転」と、その危機管理策の背景を、前年十八年の大地震によるかと推定する、わずかな傍証である。

つまり、「国中諸国退転」に直面した氏康の税制改革の動因は、南関東をも襲った巨大地震であり、その被害による分国規模の退転であり、税制改革とされる「天文十九年令」は、この広範な被災と退転に対する、必死の危機管理策でもあったのではないか、というのである。

以下、その後の氏康の分国諸地域にみられる、百姓退転とその対策についても、およそ年月の順に、個々の事例をあげて、その背景を検討しよう。

天文末〜永禄初年（一五五二〜五九）の退転

戦争による退転

天文二十一年三月十四日と同二十日（一五五二・四・一七、二三）付で、北条氏康は武蔵の今井村（埼玉県本庄市）と、上野《こうずけ》の三波川谷・北谷（群馬県藤岡市）に対して、「百姓等、早々、在所《ざいしょ》へ罷《まか》り帰り、作毛すべく候」ことを保障していた(21)。

これら上武国境の両村の百姓たちの離村は、戦禍によるものとみられる。その正月、氏康の軍が上野（群馬県）を本国とする関東管領上杉憲政の軍と、その本拠であった上野平井城（群馬県藤岡市）や御嶽山城（埼玉県神川町）などで激突し、ついに憲政を越後に追うという、激しい戦場となっていたからである。
その戦場となった、これら一帯の村々の百姓たちは、村の戦禍を逃れて、村を捨てて避難を余儀なくされていたのであろう。戦争の結果、新たな北条領域となった、これら地域の戦禍の村々に対して、氏康は〈四月中・下旬〉という春耕の繁忙期を迎えて、「横合非分《よこあいひぶん》」つまり自軍による村人への乱妨（略奪）の禁止と排除を保障することで、村人の帰村と稲の作付けを懸命に促していた。

敵味方の軍隊が押し寄せれば、村の略奪は避けることができなかったのが常であったから、村を捨てるほかに、生きる手立てはなかったのであった。「百姓等、早々、在所へ罷り帰」れというのは、村を再生するためには、不可欠の対策であった。

次いで、天文二十三年七月十二日（一五五四・八・二〇）には、武蔵の柴・金曾木（東京都台東区）の「船方中《ふなかたじゅう》」の広汎な「欠落」が問題となっていた。[22] 北条氏は彼ら船方たちの「召し還《かえ》し」を促して、「何方《いずかた》に踞《うずくま》り候共、または下総《しもうさ》（千葉県）筋へ罷り越し候共」といい、あわせて「船方中」に船や家屋敷の売買を禁止しているから、「欠落」は海を越えて広汎にわたり、一方、欠落しなかった「船方中」の間にも、船や家屋敷を手放さねばならないほどの疲弊が、広がっていたことをうかがわせる。

この欠落の原因は、やはり戦争の圧迫であったらしい。その二月に氏康軍は上総《かずさ》天羽郡の峯上城（千葉県富津市）へ出兵し、[23] ここを拠点として、相模三浦と房総を結ぶ航路の拠点であった金谷（千葉県富津市）に、集中攻撃を加えていた。[24] だから、武蔵の柴・金曾木から下総にまで及ぶ、船方中の欠落というのは、氏康軍の展開する房総海上作戦への強力な動員に対する、重い負担や、それを逃れ忌避する行動であったと推定される。

弘治の気象災害と戦禍

次いで、弘治二年八月六日（一五五六・九・一九）には、上総の目黒・宅頭両郷（千葉県、未詳）でも「去年・当年、散らさせられ候」という、二年続きの村の退転が起きていた[25]。これもおそらく氏康軍の上総金谷城攻撃戦の戦禍とみられ、「散らさせられ」というのは、それを逃れて散り散りになる、二つの村々の退転、ないし避難の行動であったにちがいない。

さらに同年の九月十四日（一〇・二七）には、相模本光寺領の下中村（神奈川県小田原市・二宮町）で「風損」（台風か）が問題となり[26]、同十月（一一月中旬～一二月初旬）には、武蔵泉沢寺領の旋《めぐり》沢《さわ》村（東京都世田谷区）で「欠落」が起きていて、「来春々作」を維持するために、「欠落候百姓等を召し返す」ことが緊急の課題となっていた[27]。その時期からみて、この旋沢村の欠落も、風損（大風雨の被害）によるものとみてよいであろう。

なお、気象災害の情報をみると、その八月二十三日（一〇・六）、相模の鎌倉でも、「風雨」により鶴岡社の鐘楼が倒れる風害が出ていたから[28]、南関東の各地で、強風（台風か）によって、稲作にも被害が出ていた様子がしのばれる。

次いで、また戦禍への対策が問題となっていた。翌弘治三年八月六日（一五五七・九・八）の北条氏康の禁制は、戦場となった下野の都賀郡梓村・中方村（栃木県栃木市）で、「士貢不納所百姓」（年貢を納めない百姓）の措置を問題とし、「度々《たびたび》催促」しても、なお「難渋《なんじゅう》」したら逮捕せよ、と強硬に指示していた。(29) 戦禍で年貢が納められない戦場の村々をどう処理するかが、大きな問題であった。

下野の梓村・中方村宛の禁制は、その冒頭に、北条軍による「横合狼藉《ろうぜき》」、つまり氏康方の兵士による、村々への乱妨《らんぼう》（略奪）の禁止を明記していた。同年末に氏康は、那須資胤《すけたね》とのあいだで、壬生（栃木県壬生町）や塩谷（栃木県塩谷町）攻撃を問題としていた。(30) だから氏康の強行する下野への侵攻作戦のもと、氏康が新たな分国化をめざす戦場の村々で、戦禍とそれによる年貢不納が起きていたことは明らかである。

次いで、同十一月十五日（一一・一五）には、相模の足柄下郡の国府津《こうず》（小田原市）や三浦郡の落切（横須賀市）などの浦々宛に、①「浦賀定詰《じょうづめ》の舟方」の「年中半分の御免」、②「臨時の公事網」、③「御印判肴」、④「地頭・代官の御菜肴《ごさいさかな》」、⑤「諸浦において網を引き、釣をいたすべき事」など、五カ条にわたって、かなり大幅な「御赦免」（減免）の措置がとられていた。(31)

これら相模の浦々の船役の減免は、三年前の武蔵の柴・金曾木の船方中による「欠落」を想起させる。「春以来、彼の国、押し詰められ候条、両国（房総）本意、程あるべからず候(32)」という、天文末年以来あいついだ、海を越えた北条軍の房総侵攻作戦の下で、①の「浦賀定詰の舟方」に対する「年中半分の御免」という、大幅な減免策が示唆するように、浦々への軍事徴発の圧迫（一種の戦禍）に対する、緊急の緩和措置であったことが推定される。

なお、この弘治三年の気象災害情報は、前年から引き続いて深刻で、氏康軍の作戦地域の縁辺にあたる下総では「大風吹、大疾病、諸人多死」(33)、常陸では「天下旱」(34)、甲斐では「日テリ……此年、悉《ことごと》クケカチ（飢渇）」(35)と、疫病や旱魃や飢餓など、広い範囲にわたる、深刻な情報が伝えられていた。

永禄の気象災害と戦禍

次いで、永禄元年三月二十一日（一五五八・四・一九）、伊豆の田方郡滝山村（静岡県伊豆の国市）では、春耕期を迎えながら、「諸人ぞんじのごとく、彼地には、ちりさくにて、百姓の一人もなく候」という事態が、大きな問題になっていた(36)。「ちりさく」（散り作）の実態は不確かだが、先に上総の村々でみた「去年・今年、散らせられ候」という事態を想起させる。凶作による退転が起きていたことが想定される。

春耕の時期を迎えながら「百姓の一人もなく」といわれる深刻な百姓の離村状況は、前年の凶作に絶望して村を捨てた、百姓の退転にちがいなく、右にみた関東とその周辺での、凶作や疫病や飢餓の影響を想定せざるをえない。

次いで、翌永禄二年十月二十三日（一五五九・一一・二）には、上野《こうずけ》の岩櫃《いわびつ》（群馬県東吾妻町）・嶽《たけ》山《やま》（中之条町）の領中で、「諸百姓、早々立ち帰り、当麦、随分仕付け申すべき事」とか、「当郷の男女、何方へ引き取り候共、召返すべし」といわれ[37]、あたかも麦作の耕作期に直面していた上野の村々で、百姓たちの広汎な退転が起きて、その対策が問題となり、麦の作付けが急がれていた。

ここ上野では、弘治二年十月、永禄二年四月・十月と、あいついで氏康軍の侵攻をうけ[38]、「近年ヨリ、近郷農民、俵物（食糧）ヲ当山（赤城山）ニ持上ル、家々ニ預置ク[39]」と、北条軍の侵攻と戦禍を予期した村々が、競って、山間の赤城神社や家々に、食糧などの「預物《あずけもの》」（安全地帯に家財や食糧を預けて保護してもらうこと）をするという、不安な村の動向が記録されていた。したがって、麦の耕作期にあたる十月の退転対策は、まさしく氏康軍占領下の措置であり、おそらく村々の諸百姓の退転は北条軍の戦禍と、それからの退避行動であった。

なお、この永禄二年の気象災害情報も、甲斐では「三年疫病流行」「大洪水[40]」、越後では「水損[41]」、「霖雨、両年荒亡[42]」、会津では「天下疫病、人多死[43]」など、周辺の諸国での霖雨＝長雨による損亡・荒亡と疫病の、二年にわたる連続を伝えていた。こうした災害が戦禍の深刻さを加速していたにちがいない。

2　引退後の氏康の下での退転

こうして、氏康の拡大強行する戦争と、あいつぐ凶作のさなか、永禄二年十二月二十三日（一五六〇・一・三〇）、氏康は突然に引退して、子息の氏政《うじまさ》に跡を譲った。天文十年（一五四一）に氏綱の跡を継いでから、わずか二十年間の治政であり、ときに氏康は壮年の四十五歳であったという。

しかし氏康は、その後も「御本城様」[44]と呼ばれ、氏政を支えて、元亀二年十月三日（一五七一・一〇・三一）、五十七歳で病死するまで、なおも十年余りにわたって、実質的には治政を続けていたとみられている。

すなわち氏康は、引退後も、死去の直前まで、独自の「武栄」印判状を、少なくとも五十通ほども発行し続けていたし[45]、さらに麾下の評定衆を駆使して、北条家の公式文書である、虎印判状の発給にも、なお関与し続けていた[46]、とされる。

したがって、引退の表明に続く、いわゆる氏康隠居後の時期についても、なお検討を加えておく必要があることになる。果たして引退を機とした氏康に、なおも渾身の危機管理策の発動を迫るほどの、困難な事態があったのかどうか。その見極めが、後半の焦点となる。

永禄三年（一五六〇）の百姓侘言と徳政

氏康の広域徳政

いったい、なにゆえの氏康引退であったか。

その隠れた事情に迫るカギは、引退直後の永禄三年二月に、伊豆・相模・武蔵にわたって、分国内の村々の百姓たちの「侘言《わびごと》」（異議申し立て）に直面し、氏康が強力に展開した、とみられる広域徳政の内実と、先に少しみた、永禄年中のあいつぐ深刻な災害状況との関連について、より具体的に検証することにある。

氏康の広域徳政というのは、まず伊豆牧之郷（静岡県伊豆市）の百姓中に宛てた、永禄三年二月晦日（一五六〇・四・五）付、北条家朱印状に明らかである。(47)その令書の冒頭に「諸百姓の御侘言申すについて、御赦免の条々」と端的に明記された通り、強い「諸百姓の御侘言」に押されて、氏康は九カ条にわたる、じつに詳細な百姓「赦免」の措置を打ち出さざるをえなかったのであった。この日は、現在の暦日では、四月初めに当たる。先の天文十九年令と同じく、まさに村々に春耕の迫る、村にとっても大名にとっても、せっぱつまった重要な時期でもあったことになる。(48)

この氏康の永禄三年令の九カ条①〜⑨の要旨は、以下のようなものであった。

①この秋の御年貢は、半分だけ米成《こめなり》とする（年貢銭を半分だけ米に切り換える）。
②御年貢銭のうち、半分は精銭で納めてもよい（銭の半分は精銭、四分一《しぶいち》は地悪銭《じあくせん》を認める）。
③借銭・借米・懸下・日拾など、通常の貸借は、徳政（破棄）の対象とする。
④妻子・下人《げにん》等の年季売り（期限を限った売り買い）は、（徳政＝破棄の対象とし）取り戻すこと

を認める。

⑤田畠の年季売りは、契約した年季のうち、ほぼ三分の一の期間だけ、その田畠を買い手に留保し、残る三分の二の期間（とくに永禄三・四年分）は、もとの百姓に戻せ。

⑥ただし、年貢銭以下についての、地下中（村）の未進（滞納）分で、代官・奉行が立て替え払いした分は、百姓が返済せよ。ただし、その利息分は返済を免除する。

⑦ただし、北条一族の営む蔵銭《くらせん》の貸し付けは、徳政から除外する。

⑧ただし、民間の無尽銭《むじん》（村人が民間で融通しあう銭）も、徳政の対象から除外する。

⑨田畠の永代売りは、ほんらい違法だが、（この徳政策に伴い）その紛争については、あえて訴え（目安）を受理し、大名のもとで裁許する。

この①～⑨の徳政（百姓への経済緩和策）のうち、その骨子は、①～⑤にあり、⑥～⑧は徳政の除外規定である。なお、⑨とともに、九カ条の末尾には、もし徳政をめぐる違法な紛争が起きても、「目安」（訴状）をもって、大名に上申するようにと、百姓の大名への直訴権を、先の天文十九年令に次いで、あらためて明確に保障していた。

村々のあいついで提起する「諸百姓の御侘言」の正当性を、氏康は再び公然と認めざるを得なかった、というべきであろう。この百姓目安の許可制を含む「永禄三年令」もまた、ちょうど十年前の天文十九年令につぐ、広域かつ本格的な徳政措置の提示であったことになる。

いいかえれば、最初の大きな危機からわずか十年で、あたかも引退の直後に（おそらく現実には引退の直前から）、氏康はふたたび深刻な政治の危機に直面していたことになる。

氏康引退の理由

この永禄三年令は、息子氏政の施策ではなく、まさしく氏康自身の政策であった。そのことは、ほぼ一年余り後の、永禄四年五月二十八日（一五六一・七・二〇）に、氏康自らがこの徳政策を顧みて、「去年、分国中の諸郷へ徳政を下し、妻子・下人の年季売券を破棄し、年を経たものまでも糺明し、ことごとく村人に取り返して遣わした」とか、「ここ十年以来、目安箱を設けて、百姓の直訴を保障している」と語り、これを「万民を哀憐し、百姓に礼を尽した」とか「天道明白歟《てんどうめいはくか》」と述懐していたことによっても、明らかである。[49] 戦国大名が、村々の百姓たちの強い侘言（異議申し立て）に圧倒されて定めた百姓対策について、自らの心情を率直に吐露しているのは、ほとんど他に例をみない。

氏康にとって、この施策は、公・私領を問わず、すべての「分国中諸郷」を対象とした広域的な徳政であり、「万民を哀憐し、百姓に礼を尽した」といい切った、その施策の核心は、①②の年貢減免、③貸借の破棄のほかは、④の百姓の年季売りした妻子・下人の取り戻し（期限付き人身売買の破棄）と、⑨の百姓目安制（百姓の直訴制）の再度の保障にあった、とみることができる。

「天道明白」と語る以上、この徳政策はまた、氏康に向け「天道」に則った「諸百姓の御侘言」が、広く氏康分国にわたって厳しく提起され、「百姓に礼を尽」すことが、氏康に厳しく求められていたことを、強く示唆している。おそらく氏康の引退は、このような切迫した分国百姓たちの、広範な侘言動向を緩和するために演じられた、いわば起死回生の政治ショーでもあったにちがいない。

徳政令の広がり

なお、この徳政令についで、その半月後の三月十六日（四・二一）、「諸百姓御侘言申し上げるについて、ご赦免の条々」という、冒頭にほぼ同じ事書（タイトル）をもつ、氏康の徳政措置六カ条＝北条家朱印状（九カ条の③⑨二カ条を欠く）が、「御領所方」＝北条直轄領である、武蔵多摩郡網代村（東京都あきる野市）の百姓中宛に、適用は「百姓役を致す者に限る」と、明らかに百姓向けの対策、という限定条件付きで、出されていた[50]。

さらに翌四月二十五日（五・三〇）には、須田蔵助の「目安」をうけ、北条家裁許朱印状によって、相模の藤沢（神奈川県藤沢市）客寮中《きゃくりょうちゅう》宛にも「徳政を入れるべし」と指示されていた[51]。

なお、同じ三月二十六日（五・二）には、氏康の娘婿にあたる足利義氏が「今度の徳政法度、子安より、他所へ売り候下人等のことは、則ち取り返すべし」という、売却した下人等の取り戻しを焦点とする危機管理策を、公然と「徳政法度」と明記して、武蔵橘樹郡子安郷（横浜市）の百姓等と代官宛に出していたのも、氏康徳政令の広がりを示唆して、見落とせないところがある[52]。

こうした氏康徳政令の、村々への深い浸透ぶりを示唆して、ことに興味深いのは、同年五月十五日（六・一八）、「西郡十ケ村百姓」の動向である。彼ら相模西郡（足柄上・下郡）十カ村の百姓たちは、この「徳政」令の施行を機に、「目安」をもって、自分たちが既に酒匂《さかわ》（小田原市）の蔵に納め終えた「年貢の方《かた》に入れ置き候俵物」について、その「取返」を求めて訴え出たのであった。氏康令による百姓目安の再度の保障が、村々に大名に向けた異議申し立ての手立てとして、明確に受け止められ、納めた年貢のカタまでも取り戻そう、という要求にまで及んで、大胆に活用されていた事実が、鮮やかにうかがわれる。

しかし「糺明」の結果、「年貢の方の徳政不入」（年貢のカタは徳政の対象にしない）という原則をたてに、北条家の評定衆から拒否されていた。[53] 借銭ばかりか、納付済みの年貢のカタまでも取り返そう、という積極的な村の要求に、村々への氏康徳政の深化があらわである。

さらに、同年七月五日（八・六）に、氏康は、武蔵の芝（東京都品川区）の百姓中に対して、相模の浦賀（横須賀市）の番船方について、①「浦の百姓を助けるため」といって、詰船方の労役を「赦免」して、番銭（労役ではなく銭で納める）に代え、②前々からの五百文の番銭の代納分も、半分を免除する（半納に軽減する）と認めていた。[54] これも海村への徳政措置の一環にちがいない。

また、同年十二月二日（一二・二八）には、北条氏康・氏政父子連署をもって、池田安芸守宛に、武蔵入間郡の河越城籠城について、「今度、当方安危の砌」、つまり上杉謙信の初めての侵攻、という軍事危機のさなかであるのに、あえて「籠城赦免条々」という判物（証文）を与えていた。

その第一条で、「一、借銭・借米、徳政の事」と、借財の免除を明記し、その代わりに「身命を軽んじ、抽《ぬき》んでて走り廻る（懸命に奔走する）」ことを求め、第二条では、「本意（勝利）の上は、忍《おし》・岩付領内において、望みの地を出すべし」といい、奔走によって勝利を得たときには、新たな知行地の恩賞を与えることをも約束していた。[55] いいかえれば、河越城籠城の赦免や借銭・借米を徳政とする措置は、百姓だけでなく、給人（武士）にまで及ぶ、軍役と災害の中の窮迫をしのばせる。

なお、こうした徳政の措置は、北条分国（伊豆・相模・武蔵）を越えて、周縁の諸国でも、独自に取られていた。

陸奥の会津芦名領では、永禄三、四年の二年続きで、「とくせひ（徳政）入り候」[56]とあった。その隣国の越後でも、「（永禄）元年旱魃《かんばつ》、去（二年）秋は霖雨《りんう》（長雨）」[57]と、二年続きで深刻な旱魃と長雨にあいついで襲われていた。そのため上杉謙信もまた、さらに次の永禄三年春の端境期に、町人（商人）たちには商いの課税を五年間も免除し、百姓（農民）たちには、田畠の被害の大きさに応じて、土地にかかる年貢の三分の一ないし全額を免除する、という徳政の措置を余儀なくされ、翌四年にも「水損」による徳政に迫られていた。[58]

自然災害と戦禍の中で

こうした周縁にまでわたる、広域の災害に囲まれた、北条徳政の背景について、則竹雄一氏は先に氏政への代替わりを機とした分国百姓たちの徳政一揆を想定し、その動因に、精銭納の強制による百姓たちの窮乏があったとし、[59] 次いで、この徳政の背後に「永禄の大飢饉」があったことに注目し[60]、その中で諸百姓の侘言闘争の大きな広がりがみられた、と指摘していた[61]。

右のような徳政策の近隣の諸大名領国への広がりは、氏康の徳政が、その分国に固有な構造矛盾だけでは説明しつくせない、分国を超えた深刻な災害状況の広がりを背景としていた、という事実を強く示唆している[62]。これらの諸分国が、かつて「永禄の大飢饉」と評されたような、旱魃につぐ霖雨＝長雨、疫病の流行から、時には飢饉にまでも見舞われて、被害が広く深刻化していたことは確実である。

そうしたあいつぐ災害が、南関東の村々と百姓たちが「侘言」をもって氏康に徳政を迫る、大きな動因となっていたことは疑いない。「永禄の大飢饉」の語を呪文のように独り歩きさせることなく、その現実を具体的に見極めることも大切な課題となる。

しかも、自然災害だけでは済まなかった。先にもふれたが、この永禄三年の晩秋九月に氏康は、「越衆出張せしむ」という、あたかも、あいつぐ凶作による分国越後の窮迫を、戦場の略奪によって癒そうとするかのような、強大な上杉謙信軍の、初めての関東侵攻に直面していた[63]。

まず、その直撃をうけた上野では、「陣に疫病流行、敵味方共多く死す」とか、「相州亡国[64]」という、戦禍も重なった疫病の流行や北条本国の荒廃も伝えられていた。さらに、次の四年の晩春、上杉謙信の軍に武蔵・相模の内陸の村々を侵攻・略奪され、ついには小田原城下まで放火される、という危機に直面した。

これについて、氏康は箱根神社の別当の融山宛に、「国中乱入故、山野の躰《てい》、年月を経ば、いよいよ侍・人民共、退転すべし[65]」と、戦禍による国中の山野の荒廃、侍・人民の退転という、強い危機感と「一戦」への決意を披瀝していた。こうして、氏康退位のあとさき、永禄二〜四年に、その分国は深刻な自然災害と重なり合うように、上杉軍の激しい戦禍にも襲われていた。おそらくそれが、氏康の実質的な引退を不可能にした、大きな背景であった。

永禄五〜七年（一五六二〜六四）の退転

永禄五年の飢饉による退転

次は「永禄の大飢饉」と評された、深刻な飢饉の実情を確かめるために、永禄初年以後の時期を少し細かく区切って、詳しい検討を試みよう。

まず、永禄五年三月二十三日（一五六二・五・六）に、「相州中郡の皮作《かわつくり》、既に退転いたす間、平徳政下され候、おのおの早々に立帰り申すべし」という、「退転」した相模中郡の皮作たちに、村への「立帰り」を促す、北条氏の「平徳政」という措置がとられていた[66]。

次いで翌四月十四日（五・二六）、またも武蔵金曾木郷（東京都台東区）百姓中は、村の「大破」を訴えて、懸銭・棟別銭・反銭の「戊（五年）・亥（六年）・子（七年）三ケ年、赦免せしむ」という「当郷諸役免許」、つまり、三年間にもわたる、大幅な免税を勝ちとっていた[67]。

次いで同年七月五日（八・一四）、武蔵多摩郡の野蔦郷（東京都町田市）百姓中の「御侘言」に対し、「当年貢・諸公事、一廻御赦免」という、一回限りの年貢公事免除という形で、百姓たちの侘言を受け入れ、それを前提に「百姓、何方《いずかた》にこれある共、ことごとく召し返し……田地打ち開き、耕作いたすべし」という、退転した村の百姓の召し返し措置がとられていた。(68) 侘言と、その受け入れの背景に、耕作を放棄して村を捨てた、百姓たちの退転が起きていたことになる。

同年八月三日（九・一二）にも、武蔵羽田（東京都品川区）百姓中の「羽田浦……退転」という事態に対して、船二艘・舟方七人以外を、とりあえず二年間は「御赦免」とする、という救済措置がとられていた。(69) 金曾木郷も羽田浦も海村の退転であった。

これらの村々の退転の背景を考えると、この永禄五年、北条氏は武蔵松山城（埼玉県吉見町）の争奪戦を焦点とする、上杉・武田氏の侵攻にあって、「東国鉾楯《むじゅん》、無際限」という、広域にわたる軍事的な危機に直面していた。そのために、分国をあげて村々から陣夫を徴発し、浦々の船方には海上への出動を求め、北武蔵から上野にわたる広範な出兵を続けていた。(70) 村々の戦禍は大きかった。

また、災害情報によれば、この年、武蔵では「大乱・大疫により大飢饉」(71) という、前年の上野とよく似た状況が伝えられていたし、甲斐では「稲皆損」(72) とも伝えられていた。戦争による軍役の重圧と戦禍の背後では、大きな凶作・疫病・飢饉が、百姓だけでなく、海村や職人たちの退転や大破を加速していた、という可能性も否定できない。

永禄六・七年の戦禍による退転

さらに、翌永禄六年四月十六日（一五六三・五・一八）、武蔵入間郡大井郷（埼玉県ふじみ野市）の百姓中に対して、「郷中百姓等、何方へ相退き候共、前々のごとく、罷り帰り、田畠開発いたすべく候」という指令が出されていた。[73] 大切な麦秋・春耕のさなかに、村人の耕作放棄・退転が起きていた様子があらわである。

この春の初めから北条氏は、下総への里見義堯の侵攻と上杉謙信の上野・北武蔵侵攻に、あいついで対抗する、両面作戦を強いられていたから、この百姓退転の裏にも、陣夫など村の軍事動員の戦禍があったのであろう。なお、この年には目立った災害情報は知られない。

さらに、翌永禄七年十月十五日（一五六四・一一・二八）、北条氏は武蔵井草郷（埼玉県比企郡川島町）の百姓中に対して「荒野十年たるべし、前々の百姓等・脇共に罷り帰り、打明《うちひらき》いたすべし」と指示していた。[74] 井草は水害（洪水）の常習地帯の村であるだけに、「荒野」は洪水の結果かもしれず、村では「百姓等・脇」たちの、階層を超えた広範な離村が起きて、氏康は十年間もの免税を条件に、百姓たちの帰村と「打明《うちひらき》」（荒野の復興）をうながしていた。

また、この直前の同年九月二十日（一一・三）には、武蔵の入間川村（埼玉県狭山市）にも、三カ年という大幅な諸役赦免を認めながら、「ただし、陣夫をば致すべし」といい、陣夫（戦場の雑役）の徴発は免除しない、と断っていた。[75] 陣夫の赦免を除外するのは、永禄三年の徳政令にも明記された、北条氏のいわば祖法であった。

翌十月十九日（一二・二）、武蔵高麗郡の長田・分金田（埼玉県飯能市）の名主・百姓中に「他所

へ馳せ入りこれある由、……前代より存知の百姓、急度《きつと》相改め、申し上げよ」と指示していた。[76]この村々でも「よそへ走る」百姓たちの離村、つまり村の荒廃が問題になっていた。

また武蔵橘樹郡の駒林郷（横浜市）や多摩郡の成瀬郷（東京都町田市）の小代官・百姓中に対して、「子《ね》（永禄七）年は、地下《じげ》（村）中事繁《しげ》きについて御赦免」という、永禄七年の村々の疲弊を理由に、翌八年五月二十五日（一五六五・七・三）に、正木棟別赦免の措置がとられていた。[77]この永禄七年も、北武蔵の井草・長田・分金田の村々でも、百姓の離村する状況が起き、南武蔵の駒林や成瀬では「地下中事繁き」というのが、赦免の理由となっていた。

災害情報をみると、その夏は、諸国で大雨・洪水が続き、[78]前年七月末には、武蔵大神（東京都昭島市）でも、洪水のため氏康軍の進陣が阻まれていたから、[79]「地下中事繁」というのは、河畔の井草郷や低湿地の耕地で常に浸水がちの駒林村など、多くの村々が洪水被害を被って、田畠が「荒野」となっていた事情を指していた可能性が大きい。こうした村々の百姓たちの離村が、大名の赦免を引き出す手段とされていたともいえよう。

以上の永禄初年の災害状況をみると、永禄五年までは、飢饉を含む深刻な災害情報が伝えられるが、六、七年には、飢饉のような重大な事態は免れていたとみられる。むしろ氏康の戦線拡大、上杉謙信のあいつぐ関東侵攻など、戦争の激化による村々の軍事課役の重圧と戦禍の広がりに注目する必要がある。

永禄八・九年（一五六五・六六）の退転

村々の退転動向

次いで検討したいのは、永禄八年から九年にかけての、村々の退転動向である。

永禄九年三月十四日（一五六六・四・一四）、北条氏は駿河丹那郷（静岡県田方郡函南町）の百姓中の伝馬《てんま》役《やく》（馬による運送の課役）について、「風損に退転いたすの由申す間、今・来年の間、一日五疋づつに定められ候」と、村の要求に応じて二カ年にわたる減免措置をとって、「急度、諸百姓を召返し、助成を加うべし」と、風損（台風か）によって退転した百姓の召返・保護策を講じていた(80)。

この退転をもたらした風損というのは、〈四月初旬〉という、春耕直前の対応の時期からみて、永禄八年の災害であった可能性が大きい。永禄八年、常陸（茨城県）では「大風雨」「田畠不熟、飢饉」(81)、美濃（岐阜県）では「南方・北国、この隣国、ことごとく不熟せしめ、上下万民餓死に及ぶ」(82)、陸奥でも「大風、品々作毛大損」(83)とか「三ケ年間、天下大飢饉」(84)などと、広域にわたる大風害による凶作や飢饉の情報が、いくつも伝えられていたからである。

次は、永禄九年閏八月六日（一五六六・九・二九）付の、伊豆田方郡重洲《おもす》（静岡県沼津市）の村の「闕落《かけおち》の百姓」に対する、氏康の措置である(85)。その例をあげよう。

西浦重洲百姓闕落書立

五左衛門　長岡ニ有之、

助右衛門　田中ニ有之、

藤三郎　東浦小山ニ有之、

左衛門三郎　伊東ニ有之、

左衛門九郎　四日町ニ有之、

左衛門二郎　伊東ニ有之、

与九郎　西郡柏山ニ有之、

善九郎　長岡ニ有之、

以上八人／右闕落の百姓、国法たる間、彼の在所の領主・代官に相断わり、早々召し帰すべし……

この年、重洲村では、百姓八人がばらばらに村を捨てる「闕落」が起きていた。なにゆえの闕落かは、明記されていない。闕落の行く先に、長岡（伊豆の国市）・田中（伊豆の国市）・伊東（伊東市）・四日町（伊豆の国市）・西郡柏山（小田原市）など、いずれも町場らしい所が目につく。この傾向については、なお後段で検討しよう。農村の飢饉難民の避難先に都市的な場が多いという意外な事実が、広く知られるようになっているからである(86)。

「分国中、乱後の退転」

その翌日の閏八月七日（一五六六・九・三〇）にも、先に伊豆の木負《きしょう》（静岡県沼津市）の小代官・百姓中から、「棟別退転」という「侘言」をつきつけられていた氏康は、この日「西浦木負百姓退転の由、御侘言申し上ぐるについて、御赦免条々」という、赦免の措置を講じていた。

赦免措置の内容は「子（永禄七年）・丑（同八年）両年、御年貢米の未進、五貫余、塩を以て、給方（領主方）へ相渡すべし」とあり、永禄七・八両年分の五貫文余の未進年貢米は、「見取《みとり》」、つまり村の棟別＝基準家数の減少の実情に即して、米ではなく、塩による大まかな代納を認める、というのである(87)。

この伊豆木負村の侘言の起因は、永禄七〜八年にわたる二年続きの「年貢米未進」「百姓退転」「棟別退転」にあった。こうした事態を招いた原因を、氏康は「分国中、乱後、退転に候といえども、本途《ほんど》に仰せつけらる」といい、おそらく右の重洲の闕落をも含めて、広く「分国中」で「乱後の退転」が起きている、という認識を示していたことに注目しよう。

北条分国の一帯が、戦乱によって退転する、という深刻な事態の中で、木負村でも「棟別退転」という、百姓たちの家ぐるみの没落が起きていたことになる。だが、給人《きゅうにん》（現地の領主）は「本途《ほんど》」＝基準年貢の米納を村にきびしく要求し続けた結果、二年にわたる「未進」を招き、村は大名に侘言をつきつけて、給人の収奪を告発していたのであった。

「分国中、乱後の退転」といえば、分国規模の大きな戦禍による退転が起きていたことを示唆する。ただ、このころ北条氏の主戦場は、上総・上野方面に集中しており、右の重洲や木負村など伊豆方面への武田信玄侵攻の形跡もないから、伊豆の村々がとくに戦場になったとみるのは難しい。あるいは「軍役を勤める故退転」[88]と信玄のいうような、遠方の戦場への長途・長期の陣夫動員による負担の重圧が、「分国中」の退転に結果した、というのであろうか。

他領の災害状況

なおこのころ、隣の武田領では、災害も深刻で、「乙丑（永禄八年）・丙寅（同九年）両歳、田畠の作毛不熟、これにより、庶民困窮せしめ、過半逐電す」という事態が起きていた。この対策として「御憐愍《れんびん》（あわれみ）として、当丁卯（永禄十年）三月より、来歳庚午（元亀元年）之三月にいたり、伝馬役御免許なさる」[89]という、三カ年にもわたって伝馬役を赦免するという、緊急措置が取られていた。

つまり永禄八〜九年の二年続きで、甲斐の村々に深刻な作毛不熟という気象災害によって、庶民は困窮し、過半が逐電するという事態が起きていた。伊豆の海村では、「子・丑両年、御年貢米未進」といい、甲斐よりも一年早く、やはり二年続きの未進が起きて、甲斐の村々の逐電へと連動して行く、災害状況による村々の没落の広がりも想定される。

ことに永禄九年の事態は、深刻であった。

その年の二月十一日（一五六六・三・一二）、武田領のうち甲斐の河口湖畔にある足和田村では、「大がしにつき申候て、（子ども二人の）身体をまかせおき候」という、「大餓死」による、子ども二人の売買、つまり飢饉奴隷化が起きていた。[90]

子どもたちの買い主（＝この文書の所蔵者）が、近代まで足和田村で随一の旧家であることからみると、[91]同じ村内で有徳人《うとくにん》（裕福な家）が村人の飢餓を、子どもの売買という形で救ってやるという、村内での自律的な生命維持装置《サバイバル・システム》が作動していた、という可能性も想定されて、ことに興味をひかれる。

この人身売買の起きた〈三月中旬〉＝端境期という時期から見て、大餓死にいたる「作毛不熟」の大凶作が起きていたのは、その前の永禄八年であったことが、先の武田領の井出家の文書（注(89)参照）からもうかがわれる。

なお、同じ永禄八～九年の各地の災害情報を参照すると、美濃で「隣国ことごとく不熟せしめ、上下万民餓死におよぶ」[92]と伝え、常陸でも「永七甲子（永禄七年）より、さくちがい（作違い）候て、乙□（丑カ）（永禄八年）九、北風吹□□（候而カ）田・岡（畠カ）共、ことごとくちがい候て、丙寅（永禄九年）、大小共（大人も子どもも）かつへ死（餓死）……皆々死に候」[93]と伝えている。作違いは凶作を意味していた。永禄九年の武蔵でも「飢饉入」[94]という、常陸とよく似た飢饉情報がある。

以上を総合すると、おそらく氏康の分国でも、永禄七年から二年続きの凶作となり、三年目の永禄九年には、ついに各地で飢饉にまで襲われていた形跡が濃厚である。

北条氏は「分国中、乱後の退転」といい、また武田氏は「近年、戦国故、荒田数多《あまた》候」[95]といっていた。戦国諸大名の分国にわたる深刻な戦禍も、永禄七〜九年にわたる厳しい自然災害によって、加速されていた、とみるべきであろう。「分国中、乱後の退転」という、分国規模の大がかりな退転を示唆する、永禄三年令以来の大名自身の深刻な危機感が、以上のような災害と戦禍を背景にしていたことは確実である。

永禄十年〜元亀二年（一五六七〜七一）の退転と欠落

欠落百姓の動向

最後に、氏康の死去の直前に至る五年間にも、各地で百姓の退転や欠《かけ》（闕）落《おち》が集中的に起きていた。

永禄十年四月十八日（一五六七・五・二四）、先にみた伊豆西浦の木負村で、またも「百姓退転」が起き、「御年貢の納様」（年貢の多少）をめぐって、「百姓退転の由、御侘言」が行われていた。今度も、氏康により「御憐愍をもって、三ケ年の間、塩年貢に相定めらる」という、永禄九年の同村の侘言への対応と同じ赦免策が、三カ年にわたって講じられていた[96]。

さらに元亀元年四月九日（一五七〇・五・一三）、同じ伊豆西浦の重洲でも、重ねて百姓の欠落が問題となっていた[97]。重洲の百姓五郎二郎が、二年前の辰歳《たつとし》（永禄十一年）に、大沢郷（伊豆市）へ欠落し、いまもそこに居住しているが、御領所（大名直轄領）の百姓であるから、搦《から》め捕って重洲へ連行し、土屋（地元の長老）に引き渡せ、というのが氏康の措置であった。

次いで、翌永禄十二年三月二十日（一五六九・四・一六）、またも春耕期を迎えて、氏康は相模中郡の須賀郷（神奈川県平塚市）に宛てて、二人の村人の「人返《ひとがえし》の事（元の村に戻す）」を認めていた。その指示によれば、須賀郷から欠落した一人の今若は、いま相模東郡の用田郷（神奈川県藤沢市）におり、もう一人のとねはうも、同郡の打戻郷（藤沢市）にいる、とあった。[98]二人の欠落は、春耕期という発令の時期からみて、右の伊豆重洲の百姓の欠落と同じく、前年の永禄十一年に起きていたのであろう。「人返令」（帰村の指令書）は明らかに春耕に備えた、労働力確保のための対策であった。

なお、北条分国のうち駿河駿東郡の泉郷（静岡県長泉町）でも、永禄十年から元亀元年にかけて、二家族を含む、次の七人の欠落が起きて、これまた、春耕のさなかの元亀二年四月二十日（一五七一・五・二三）に、北条家の「人返令」が出されていた。[99]欠落の発生は、この「人返令」の本文の詳しい注記によれば、永禄十年・同十二年から元亀元年へ、四年間にもわたっていた。

（駿東郡）
泉　郷百姓窪田十郎左衛門の者欠落の事、

卯歳（永禄十）欠落、豆州みろく寺ニ有之、
　壱人　女梅・同子壱人
午（元亀一）八月欠落、同所有之、
　壱人　女乙
午（元亀一）六月欠落、武州府中ニ有之、
　壱人　丹
巳（永禄十二）九月欠落、豆州狩野内立野ニ有之、
　壱人　善三郎親子三人

以上七人／右、欠落の百姓、たとえ不入《ふにゅう》の地たりといえども、他人の者拘《かか》え置く儀、曲事《くせごと》たる間、国法に任せ、領主・代官に申し断わり、急度、召し返すべき者也、仍如件、

これら七人の欠落百姓には、先の重洲百姓たちの単独の欠落と少し様子がちがい、母子二人・親子三人という、家族ぐるみの欠落二組が含まれている。彼らは、冒頭の事書《タイトル》に「百姓窪田十郎左衛門の者」とあり、あたかも、百姓窪田の下人《げにん》であるかのように標記されているが、文末には「欠落の百姓」といわれているから、下人というよりは、豪農であった百姓窪田某の田畠を小作する、小百姓たちだったのであろう。

かれらの欠落先は、伊豆の弥勒寺《みろくじ》（伊豆の国市）、武蔵の府中（東京都府中市）、伊豆の狩野のうち

立野（伊豆市）とある。この行く先をみると、武蔵府中は品川を外港とする都市的な場であったことが知られているし、地元に近い伊豆の修善寺や長岡にも、町場的な性格が想定され、ここにも、村から町場（都市的な場）への流亡、という傾向がうかがわれる。

なお、のちの天正六年十二月廿日（一五七九・一・二七）、北条家は再び駿河泉郷百姓窪田十郎左衛門の「目安」（訴状）をうけて、右にみた伊豆弥勒寺村へ、元亀元年に欠落した百姓（梅母子か）の人返を改めて命じていた[100]。北条氏の人返令も、十分には機能していなかったらしいことを示唆していて、興味をひかれる。

北条氏の百姓人返令

次に、永禄末年から元亀年中の頃の欠落とみられる、村から町場へという退転百姓たちの流入傾向のより顕著な例に、あらためて注目してみたい。その人返令書というのは、氏康が死去して、完全に氏政の治政となった元亀四年三月六日（一五七三・四・一七）付で出され、やはり春耕期に、駿河駿東郡の八幡郷（静岡県清水町）の、四組の親子・妻子十五人を含む、じつに二十三人もの「欠落の者」について、その「召し返し」を認めていた[101]。

いま令書で確認できる、北条氏の百姓人返令の例としては、もっとも大規模な欠落である。二十三人の内訳をみよう。

従八幡郷闕落之者可召返事、

（伊豆国）
伊東之鎌田ニ有之、
甚四郎親子共三人、

（相模国中郡）
小鍋島ニ有之、
小三郎妻子共ニ五人、

（武蔵国豊島郡）
江戸ニ有之、
二郎三郎親子共五人、

（武蔵国入間郡）
河越ニ有之、
鳥若

（武蔵国多摩郡）
四屋ニ有之、
とね／甚房

（相模国東郡）
藤沢ニ有之、
弥六

（相模国東郡）
鎌倉ニ有之、
くら

（相模国西郡）
川村ニ有之、
　善三郎
（相模国中郡）
吉沢ニ有之、
　房
（相模国西郡）
小田原ニ有之、
　ほうたい
（伊豆国田方郡）
伊豆田中ニ有之、
　いぬ親子二人、
以上、廿壱（三カ）人／右、国法たる間、領主・代官に相断わり、急度召し返すべし、

それぞれの欠落の年次は記されていないが、元亀四年三月という、春耕期の人返の発令時期からみて、まずは永禄末年から元亀年中にかけての欠落とみられよう。ここでも、甚四郎親子共三人・小三郎妻子共ニ五人・二郎三郎親子共五人・いぬ親子二人など、家族単位と明記される欠落が、いっそう顕著である。また総数二十三人という、ほかに例をみないほど多数の欠落とあわせて、事態の深刻さをしのばせている。

欠落先として特記される、伊東の鎌田は静岡県伊東市、相模の小鍋島は神奈川県平塚市、武蔵の四屋は東京都府中市、相模の川村は神奈川県足柄上郡山北町、相模の吉沢は平塚市とみられる。これらを含めて、江戸・川越・府中・鎌倉・藤沢・平塚・小田原など、いくつもの地方城下町や地域の町場＝都市的な場への流入が、ことに目立つ。

京都など中央の政権都市だけでなく、南関東でも、氏康分国内のいくつもの地方城下町や町場が、村を捨てて流民となった百姓たちや、その家族にとって、貴重な生命維持装置の役割を期待されていた事実を示唆するものとして、あらためて興味を引かれる。

次いで、元亀元年三月十七日（一五七〇・五・二一）、駿河駿東郡の菅沼村・竹下村（静岡県駿東郡小山町）では、「甲・相の弓矢」[102]のため、武田氏侵攻の戦禍を被った戦場の村々に対して、北条氏は「当郷相違なく、帰住せしむべし、乱後の事に候間、一切諸役有間敷《あるまじ》く候」[103]と、離村した戦争難民たちへの帰村の保障と、「乱後」の諸役の全免という徳政の措置、つまり戦禍の村の救済が、氏康の大きな課題となっていた。それだけに、右の駿河八幡郷の「欠落の者」の中にも、戦禍によって村を捨てた百姓のいた可能性も排除できない。

さらに翌元亀二年四月晦日（一五七一・六・二一）、同じ駿河で海村の獅子浜（静岡県沼津市）でも、「百姓退転」による「前々の役」の不納が問題となり、「舟数改め」が指示されていた。[104]

また、その九月二十五日（一五七一・一〇・二三）には、北条氏照が小田野氏に武蔵内牧（埼玉県春日部市）を与えた上、「近年不作」という理由で、「知行役十ケ年」の免除を認めていた。[105] 長く続いた不作の深刻さがしのばれる。

また、その翌九月二十六日に伊豆では、給人《きゅうにん》から「豆州給田、乱入故、不作について、進退の御侘言」が出され、乱入＝戦禍による不作が申告されていた[106]。先の「分国中、乱後の退転」という、氏康の危機感を想起させるが、前年の甲斐の武田氏との「甲・相の弓矢」による戦禍であったかも知れない。「百姓退転」とか「近年不作」といっても、「乱入故、不作」といわれる、村の戦禍による不作も無視できないことを示唆している。

大風水害の記録

こうして、またも退転・欠落の集中した永禄末年から元亀初年にかけては、災害情報の検討も不可欠である。まず永禄末年をみよう。

永禄十年（一五六七）には、会津（福島県）で「大けかち（飢渇）にて、ことごとく皆々うえ死（飢死）[107]」とか「霖雨（長雨）・洪水……大悪作・大飢饉[108]」と伝え、翌十一年（一五六八）六月、武蔵では「大水入[109]」と、ともに長雨と水害から、地域によっては飢饉までも起きていた、と伝えている。

隣国の信濃でも、同十一年七月十八日（一五六八・八・二一）「連雨の故、千曲・犀川両瀬共に、往還断絶[110]」といい、翌十二年六月二十一日（一五六九・八・一三）には、「小河・牛牧両郷（伊那市）水損[111]」と、やはり長雨と水害の情報が、あいついで記録されていた。

同じ年（月日欠）、相模西郡の斑目郷《まだらめ》（神奈川県南足柄市）では「風損の侘言」を行い、北条氏は

「百姓中しきりと申について、検見の上、自今以後の納所《なっしょ》(納入分)・引方(控除分)共に定むる事」として「郷中検見」を実施し、「百姓侘言の透《とおり》、指引き」をすると認めていた(112)。あいつぐ風水害による、したたかな百姓たちの侘言に、氏康は懸命な応対を迫られていた様子である。

最後に、元亀年中をみよう。元亀元年(一五七〇)、甲斐では「大風(113)」、東海地方でも「暴雨烈風……作毛皆損(114)」と伝え、元亀二年(一五七一)、甲斐では「中渡場の舟、去歳(元亀二年)大水故、破損(115)」といい、東海でも、八月に「大風、六十年已来《いらい》にこれなし(116)」といい、武蔵・下総に「大風(117)」というなど、「六十年已来」という、台風かとみられる、連日の大暴風雨が吹き荒れていた。

こうして、永禄初年に次いで、その後半の一五六〇年代にも、あいついで大きな風水害が関東・東海の村々を襲い、不作・凶作ばかりか、時には疫病や飢饉まで引き起こしていた様子である。

おわりに

以上、ほぼ年次を追った、北条氏康治下の六つの時期の検討を通じて、実質三十年間にわたった北条氏康の分国の村々で起きていた、ほぼ四十件ほどの村の「不作」や「百姓退転」や「百姓侘言」の背景を見つめてきた。

総じて災害と戦禍があい半ばし、戦国盛期に氏康分国の村々を、戦禍と災害が折り重なるように襲っていた様子を、いくらかは明らかにできたであろう。

いったん引退した氏康を、なおも治政の最前線に引き止め続け、氏康に「万民哀憐」や「天道」の体現を求め続けた背後に、このような深刻な戦禍と災害にさらされながら、侘言を提起し続けた村と百姓があったことは、あらためて認め直してもよいであろう。

だから、これからも、村の戦禍と災害とを切り離すことなく、より深くより慎重に検討することによって、戦禍と災害の中の村と百姓の実像を、より確かな手ごたえをもって探り出すことができるにちがいない。手作りの気象災害データベースの一層の充実も、その作業を助けるにちがいない。

かえりみて、村々にあいついだ自然災害の苛酷さは予想を超えるものがあったし、村の軍役の荷重や戦禍の厳しさを、それが加速していた事情も疑う余地がない。

天文十九年＝大地震・永禄三年＝凶作飢饉という、とりわけ深刻な大災害と広範な百姓退転に直面し、さらに永禄三年九月に始まる上杉謙信のあいつぐ侵攻と、自らの戦線拡大によって、村々に戦禍をも引き起こしつつ、強力な危機管理策を「百姓侘言」を通じて求められたことが、氏康の治政をはっきり特徴づけていた。

その起点となったのが、分国の全域にわたった、二つの重要政策「天文十九年令＝統一税制」と「永禄三年令＝徳政」であったことは、氏康自身の述懐や以上の検討の事実からみても、また、学界の研究の蓄積からみても、確実としてよいであろう。

この二つの政策の核心にあった、村と百姓に対する直訴制（目安）の保障と再保障は、その後、永禄年中を通してあいついだ凶作や、断続した飢饉状況、さらには激しさを増す侵攻と防衛の戦争の中で、村々の「侘言」の圧倒的な集中に帰結したこともまた明らかである。「永禄の大飢饉」は、氏康引退の引き金となり、引退後も隠居することを許さず、引退後の全期間を覆っていたのであった。

四　戦場の村の記憶

はじめに

戦国の世に刻みこまれていた戦場の村の体験は、平和になった江戸時代の初めころには、どのように記憶され、語り継がれていたのであろうか。ここでは『清良記《せいりょうき》』という戦国軍記を素材に、かつての戦場の村の記憶を確かめてみよう。

ふつう『清良記』といえば、近世前期の古い農書（農業技術書）として有名である。しかし、この本が、もとは十七世紀中ごろまでにまとめられたとみられる、全体では三十巻からなる、伊予の南（愛媛県南部）、宇和地方の戦国軍記であること、農書というのは、「親民鑑月集《しんみんかんげつしゅう》」とも呼ばれた、そのうちの第七巻（上・下）だけを指すことは、あまり知られていない。

この本は、原本がいまに伝えられず、およそ三十種類にも及ぶ、内容の異同も大きい写本だけが、同地方を中心に伝存している。翻刻されて、世に紹介された『清良記』も少なくない。ただ、そのほとんどは、いわゆる農書(巻七)の部分だけであり、全三十巻すべての翻刻を果たしているのは、私の知るかぎり、地元の篤志家の自力によって刊行された、松浦郁郎氏の校訂になる『清良記』[1]だけである。本書の引用に当たっては、読者の参照の便宜のため、ただ一つの全三十巻の翻刻本で、いまも手に入る、松浦郁郎氏校訂の『清良記』をもとにしよう。

この松浦氏による全巻校訂本は、「高串土居《どい》本」、「三間《みま》土居本」と通称される、地元に伝わる二種類の写本の校合《きょうごう》によって、成ったものであるという。この軍記『清良記』が、これまで広く戦国史の研究者の目をほとんど引かなかったのは、このように限られた翻刻事情のためでもあったろうか。

長く本書の農書部分の史料批判を深めて、近ごろ『近世農書「清良記」巻七の研究』[2]に集大成された、永井義瑩《よしあき》氏によれば、本書の原型は、『清良記』の主人公＝大森城主土居清良の城下(愛媛県宇和島市三間)にある、三島神社の神主であった土居水也(承応三年＝一六五四没)によって、永禄元年(一五五八)ころから、土居清良の周辺で日録風に記録され、伝えられていた数々の草稿を核として、編集したものとされている。次いでその後、近世に入ってから、いわゆる農書部分(巻七)をはじめ、多くの筆があいついで加えられて、現存する多彩な諸写本の形になった、と推察されている。

ことに、本文中にみえる「今年……」(永禄～天正期)と表記される、特定の年次をもつわずか六つの箇所などは、本書の原型をしのばせる、それぞれの時期の日録風の記録の反映でもあろうか、ともいわれる。

また、永井氏も指摘する通り、周知の「農書」の部分も、全巻から孤立して、ただ機械的に挿入され、編みこまれているわけではない。

たとえば、農書部分の冒頭にあたる、巻七の上の第一段「土居式部少輔清良、農業を問はれる事」の段には、その初めに、伊予の宇和地方の村々が、境を接する隣国土佐（高知県）の一条氏や、狭い海峡を挟んで隣り合う豊後（大分県）の大友氏など、諸大名の軍によって、しばしば麦や稲の収穫時期ばかりをねらって襲われ、くり返し狼藉《ろうぜき》・乱取《らんどり》・苅田《かりた》の被害にあい、飢餓に瀕していたことを指摘して、まず、次のように記していた。


此国の麦・稲、田畑の就熟を、敵方にはつもりて、寄せ来り、狼藉を旨として、乱取を事とするに依《より》て、農のひまを奪はれ、作毛を損させられ、大小・上下、困窮して、路頭に死人多し、

と書き出し、さらに、こう語っている。

いまは天下が乱れて、どの国にも命を落とすものが多いが、その半ば以上は、「乱取」（略奪）や「苅田」（作荒らし）の被害をこうむって、餓死した者である。その原因は、ひとえに領主に敵方の乱取・作荒らしへの対策が欠けているからである。いったいこれらにどのように対処すればよいのか、と。(3)

農書の部分は、こうした深刻な戦禍と飢餓への関心の焦点として、いかにも戦国の村らしい環境と文脈の中に、本書の巻七として編み込まれていた。「乱取」という、小著『雑兵《ぞうひょう》たちの戦場』(4)の執筆の過程で、私が初めて出合った、じつは中世の戦場にあふれていた悲惨な言葉が、この本の全編にも、くり返し現れてくることに、あらためて驚かされたのであった。

いま私が、この後世の戦国軍記にひかれ、「戦場の村の記憶」というのは、まさにこの点にある。

1　戦場の村の勧農と農書

敵の作荒らしへの対策

まず、初めにみた農書（巻七）の冒頭「土居式部少輔清良、農業を問はれる事」の段からみていこう。

ここで城主である土居清良は、敵軍の襲来による、苅田・乱取への実効ある対抗策を、家中にこう諮問する。

よそから、わが領地を襲って、苅田・乱取を企てる者は、あらかじめ「其の国の作時分（夏秋の収穫期）を計りて、其の盛《さかり》を知り、（苅田・乱取に）来る習慣」である。だから、それに対処するには、「作を早く取り（収穫し）ては如何に」と。

しかし、善家六郎兵衛がこれに反論していう。「作を早くしては、所により、実入《みい》り善《よろ》しからず、又毛作をはやく熟す様に仕成《しな》さば、敵又、其の時を知りて来らん」と。収穫を急げば不熟になり、収穫期も敵に知られてしまう、というのである。

これに、清良がさらに反問していう。「（作付けを）早くして、少しばかり（実入り）は悪しくとも、敵に取られんよりは、我が取りたる方勝るべし。当国にても、御庄勧修寺領（南宇和郡愛南町）は、此の許《もと》より早しと聞くぞ、この許にても、（作付けを）十五日早くして、又十五日は不熟をも、刈り取るべし。されば御庄に同じ」と。

つまり、敵方の苅田・乱取は、いつも、当方の麦作・稲作の成熟期をねらって行われるのが習いなのだ。だから、それを避けるには、作付けを早くして、収穫も早くしてはどうか、と清良がいえば、六郎兵衛は、作付けを早くすれば、所により不熟になる、と反論する。

さらに清良は、たとえ少しは不熟でも、敵に奪われるよりは、ましではないか。近くの勧修寺領は、わが大森領より収穫が早いときく。当領でも、せめて十五日は取り入れを早くできないか。かりに不熟があっても、自分で刈り取ってしまう方がましだ、という。

冒頭のこの問答では、ほとんど戦場の「習慣」と化している、敵軍による作荒らしへの対策という、いかにも戦国らしい切実な関心から、稲の作付けや収穫を、それまでよりも早くすることの可否が、真剣に論じられていた。農書（巻七）の戦国らしさは、ここにある。

地方巧者の登用

こうした「乱取」対策への切実な関心をもとに、領主の土居清良は、さらに領内の人材を広く探し尋ねて、城下に住む宮下村の宗案ら、三人の「作にも功者」「作意ある百姓」「正直にして功の入たる者」、いわゆる地方巧者《じかたこうしゃ》が大森城に招かれ、「農の事を、終日問はれけるに、宗案答へけるは……」というように、城主清良の諮問を受けて、農作のあり方について答申する、という形式で、農書（巻七）の内容が展開されていく。

まず、巻七の上には、四季にわたる、数多くの作物の植え付け・取り入れ・種子取りの時期を詳しく説いた、第二段「四季作物種子取りの事」がある。第一段末に「千八品の物作り、いづれも相応の仕付（植え付け）時、定まりて御座候、先一ケ月に取分て申し上げ候」と、「相応の仕付時」に焦点を合わせている点は、背景にある戦場の苅田対策への深い関心をもよくうかがわせる。

これは、巻七の下でも同じことで、その第十二段「清良、宗案問答の事」でも、城主清良と宗案の間で、土佐・豊後の襲来について、対策を問答して、

> 麦・稲の時分、敵寄せ来ると聞きては、小人・足軽・御馬抔《など》までも、百姓へ加勢あり、刈取らる、事なるに、道せばくては、取る可きを捨て、敵の兵粮《ひょうろう》になるべし、

という。

つまり、敵方の苅田に対抗しようとすれば、百姓ばかりに収穫を任せるのではなく、小人・足軽など、下級の武家奉公人や、軍馬までも動員し、農道も広げて、すばやく苅り取るなど、領内の総力を挙げて、緊急な対策をとることが必要であると、具体的に論じられている。乱取対策の深刻さがしのばれる。

農書（巻七）の成立する背景に、戦場の死者の半ばは、乱取・苅田により餓死させられるのだという、つねに戦国の村々の蒙った、深刻な乱取・苅田の記憶があった。農書部分（巻七）は、明らかに苛酷な戦国の戦場への、深い関心と文脈の中に編み込まれていた。

さらに、この農書には、とくに宗案の助言という形で、「時節相応の雨風をさとり、種子を置き替へ、虫喰・旱《ひでり》の年を積《つも》り、種子に加減をして、其の粒の大小を見分け」る心得を説き、「作の風折れ、虫喰い、水・旱の両損を償はず」に過ぎることを戒めるなど、風雨・虫損・旱魃をはじめとする、凶作への深い関心も、随所に認められる。

その意味で「農書」としての『清良記』は、巻七だけに止まらず、全巻にわたって、戦国の乱取や飢餓をいかに生き延びるかという、戦時の勧農と生命維持装置《サバイバル・システム》ともいうべき、切実な戦国の危機管理《クライシス・マネジメント》の書、という性格を与えられて成立していたことになる。

「作の功者」宗案

なお、もっぱらその勧農策を担う「作の功者」（地方巧者）宗案という、いまでは架空・創作かとされる、傑出した人物の活躍は、「農書」巻七だけではなく、それ以降、最後の巻三十まで、この軍記『清良記』のほぼ全編にわたって、くり返し語られる。(5)

ことに特徴的なのは、作荒らし対策・飢饉対策・百姓公事《くじ》（紛争）の調停など、村々の日常の暮らしにかかわる農政＝勧農のうえに、とくに重要な役割を果たし、あたかも領主の責務を担う分身ともいうべき、特異な役割が与えられていることである。

たとえば、土佐や豊後の軍勢による苅田の襲来が必至という形勢となると、城主の清良は家老衆に対して、「あらかじめ作をば早くさするは、かかる時のためなり、宗案に相談して、手回しよきようにすべし」と指示し、敵の苅田にそなえて、宗案の指示で稲の収穫を急がせており、周知の農書（巻七）以外でも、敵方による苅田への対策の実行に、宗案は中心的な役割を担わされていた。

また、日常生活の中でも、たとえば領内の村々の間で、放し飼いされる牛の処置や帰属をめぐって、「牛公事《うしくじ》」の紛争が起きたとき、領主の清良は、その紛争の解決を宗案に委ねていた。同じく、村々の放し飼いの牛馬が、よその早稲を食い荒らすという「公事」（もめごと・紛争）が村々の間で起きたときも、村々の「名本《みょうもと》」たちと共同した、この宗案の尽力で、みごとに紛争をおさめた、と語られていた。

このような宗案の貢献ぶりの物語は、なお後段にも顕著で、「松浦宗案と申して、分別者《ふんべつもの》の候、彼によろずの趣きを尋ね問はば、土民百姓・耕作業の事まで、こまかに道理をきはめ候後は、何事もさしつかへ、とどこおることもあらず」と評されている。

「土民百姓・耕作業の事」といえば、巻七の「農書」がまず想起されるが、戦場の村の生命維持への宗案の貢献は、「農書」の部分だけに止まらないものとして、一貫して重要な役割が与えられていた。

また、それは天正元年（一五七三）のことであった、という。この年は、春から初秋まで長雨が続いて、「麦作ことごとく損じ、腐りて、熟実なし」という、麦の凶作と大洪水にみまわれたうえ、秋になると一転して大旱魃となったため、稲も雑穀もみな枯れ果て、村々は「たちまち飢饉にて、飢えたる人、野に充ち、餓死せるもの路頭に横たわる」という惨状になったときも、領主清良は宗案を招いて、このように対策を諮問していた。

この惨状のもとで、来年の収穫を確保するためには、まず、この冬の間の麦播《ま》きをすることが不可欠、とみた宗案の提案によって、ただちに次のような措置が講じられた、という。

いま、いっせいに山に入り、蕨《わらび》や葛《くず》の根を掘るのに熱中して、露命をつないでいる村々の百姓たちに、領主の保有する米を緊急に放出し、その代わり、麦播きに専念させることとした。さらに城の小者・中間《ちゅうげん》・足軽衆など、下級の武家奉公人たち五百人余りを、百姓の麦播きの応援に田畠へ出動させて、霜月の初めまでに、麦をすべて播き終わらせることに成功した、という。

戦場の村の勧農を説く

このように、巻七「農書」を献策したとされる、宗案に焦点を合わせてみると、戦国軍記『清良記』全三十巻は、宗案の提案した戦場の危機管理策の、様々な実践ぶりを、くり返し語っている形になっていることが明らかになる。

なお永井義瑩氏も、この本の写本が近世のあいつぐ飢饉状況のもとで書写されているという、本書成立の自然環境の背景に注目しつつ、この『清良記』巻七は、直面する飢饉対策の大切なよりどころとして、現実的な農書《テキスト》の役割が期待されていた、と推測している（前掲書）。

宗案がこの戦国軍記で、在地の勧農（危機管理）を担うべき領主の分身ともいうべき、特異な役割を与えられることで、この本は、ありふれた一地方の平凡な軍記の域を越えて、戦国期の戦場の村の惨状を勧農のレベルで詳しく語り伝える、注目すべき特異な作品となった。

しかし、宗案の存在自体については、確かな傍証を欠き、全三十巻のなかでも、かなり錯綜し矛盾した記述もみられることから、おそらくは創作された人物か、とみなされている。

ただ、もし、この在地に密着した宗案の特異な役割を抜きにすれば、本書はごく平凡な一地域の軍記物語にしかなりえなかったことは疑いない。かりに宗案が本書の創作した架空の人物であったとしても、苛酷な戦場の村を支えるという、ほんらい領主に負わされる責務を補完すべき、危機《クライシス・》管理《マネジメント》と生命維持装置《サバイバル・システム》という役割が、切実に期待されていたこと、かつ、その一部は在地領主の下で「地方巧者」の誰かに担われ、なにがしかは実現されていたであろうことまでも、否定し去ることは難しいというべきであろう。

なぜなら、以下に詳しく紹介するが、本書がその全巻を通じて、かつて私が『雑兵たちの戦場』(6)で詳しく検証した事実とじつに緊密に対応する、無残な「乱取」の世界に鋭く焦点をあてて、その実態を克明に描き出していることを、見逃しにすることはできないと痛感するからである。

ここに、後世の『清良記』全三十巻の分析を、あえて「戦場の村の記憶」と標題したのは、そのためである。

2　乱取・苅田の記憶

乱取・苅田への対策

略奪を目的にして、攻め寄せてくる敵に対して、もしありきたりの籠城作戦をとれば、「乱取《らんどり》にめで」る敵方によって、村々（在々）を一方的に乱妨されて、あとは火をかけて焼かれ、苅田で田畠を荒らされるのが常であった。

しかし、ある年は、敵の襲来を見越して「稲は晩稲まで、大方、刈り納め」ていたので、苅田の被害にはあわなかったが、敵は民家で乱取・放火したため、村々は焼け野原になってしまった。

また「落城には、女をば敵の取りたがるものなり」といい、乱取つまり戦場の奴隷狩りの被害が、女性に集中しがちであったことをも、たしかに語り伝えていた。

また、ある四月に、海を越えた豊後大友方の大軍に襲われたときは、大森城下の三間地域では、熟しつつある麦を薙《な》がれるのを避けようとして、未熟のまま刈り急いだため、「麦いまだ熟せざるを、刈り入れければ、過分の損なり」という事態となった。

これをみていた大森城主の清良は、麦も稲も「両作、皆もっておそきは、乱国のついえなり」といい、「城の足軽・小人《こびと》・侍の中間《ちゅうげん》・ぞうり取り」など、下級の武家奉公人たちまでもこぞって、村の百姓たちに加勢させて、その秋からは、麦播きを急がせることにした、という。ここでも、農書に通じる早期作付けへの関心が、乱取・苅田への対策との緊密な関係で語られている。

また、ある年は、船で攻めてきた豊後大友勢を、六十人ほど生け捕り（戦争奴隷）にし、二十八人は切り捨て、三十二人は生かして還すことにした。ところが、清良方の「下々の衆」が「一人ずつも賜わり、奴《やっこ》にせん」「譜代末代にも使われん」と、捕虜（戦争奴隷）を奴隷として分配することを希望した。しかし、清良は大森城の機密がもれることを警戒し、捕虜らに城内は見せずに、生かして還してしまったという。

ここには、「乱取」つまり戦場の奴隷狩りを忌むべきものとみる、近世的な心情がほの見えている。しかし、もともと生け捕った敵方の者を、味方同士で分け合って、自分の「奴」つまり下僕（労働力）にするというのが、先に小著『雑兵たちの戦場』でもみた通り、戦国の世にいきわたった習俗であったことを、ここでも如実にしのばせる。

また、ある四月には、土佐勢が「田を植ゆべき真っ最中に寄せん」としている、という情報が入ると、城主清良は、村々の庄屋にあたる「名本《みょうもと》」に触れをまわして、夜を日に継いで、田植えを終わらせてしまった、という。

戦争といえば、春は田植えを妨害し、秋は収穫に打撃を与えるという、敵方の生産を破壊する作戦が、しばしばとられていたからであろう。戦国の勧農の要諦は、いかに敵方の乱取に対処するかにあった。

戦闘・作戦の本当の目的

また、ある秋の「作毛《さくもう》の最中」に、くり返し五回も、土佐勢が国境に寄せてきたが、その先手が作荒らしをするだけで、本格的な戦闘には至らなかった。この敵襲も、どうやら作荒らしが目的で「作毛損ささんばかりの心がけなるべし」と見られていた。戦争といっても、城の攻略や領土の獲得や戦闘が目的ではなく、乱取や苅田が作戦の狙いであった、というのである。

また、ある四月中旬の麦秋に、またも豊後勢千余騎が船で押し寄せてきたが、これも戦闘には至らず、「麦を刈り取り、船へそのまま積み、船にてこしらえたり」といわれ、麦の刈り取りと船中での脱穀だけが、大友船団の作戦目的であった、とみられていた。やはり敵方の食糧を確保するのに、作戦の目的があった。

また、ある七月の下旬に、土佐の一条氏の領域の山間《やまあい》では、「夏初めより今において、打ちつづき雨ふり、山合いの作は悪しく、百姓ら飢えにおよび申すべく」という凶作に見舞われた。

すると、「伊予分へ働き、冬・春の兵糧取り申すべし」と、五百余騎で伊予へ兵粮の略奪に押し寄せてきたが、伊予の清良方は、これに対抗して、「作は損さし申さず」と、防ぎきったという。

山間の村が長雨で凶作の危機に襲われると、百姓の飢餓を救うために、敵地の作荒らしと食糧の奪取に、軍を出動させることが常であった、というのであった。

もし作荒らしに襲ってくる敵軍を防ぎきれないと、「両作（麦・稲）の時分をはかり、豊後（大友軍）よりの狼藉あるゆえ、飢ゆる人、道路に絶えず、……皆、飢え死す」といわれ、宇和地方の村々の方が、大友軍の作荒らしによって荒廃し、ひどい飢餓に見舞われることになった、という。

また、こうも言われている。

①夏は四月、秋は七月末より九月にかけて、二度、三度ずつ、豊後より押し渡り、麦・稲を刈り、在々の民家を追いはぎし、雑具を奪い取り、浦浜の者、わけて難儀し、飢渇《けかち》におよぶ、

②手だてをかえて、長陣せず、両作の時分じぶんを見合わせて、思うままに刈り取り、船に積みてぞかえりければ、……民の苦しみ、なす方なし、

夏麦と秋の稲の収穫の時期ばかりを狙って、敵軍による苅田、追剝、乱取がくり返されていた。

乱取に襲われた村は、飢餓に苦しむのが常であった。

一方、ある八月の末に、清良の軍が土佐へ出動したとき、兵士たちは敵方の「在々放火し、稲をなぎ」捨てようとしたが、清良方のある部将が「いかに敵国なればとて、彼らが困窮を思えば、あわれなり」と、自軍の稲薙《な》ぎを制止し、「焼くこと、稲なぐことは、手間はとらざれども、なんじらがふびんさに、狼藉をばせぬぞ」と「山林に逃げかくれたる者ども」に「高声」で呼びかけて、引き揚げたという。

山林に逃げかくれた敵方の村人に呼びかけたというのは、敵襲を避けた村人は、山中の「村の城」に逃れるのが常であったことが、よく知られていたからであろう。軍兵による稲薙ぎの狼藉が、戦場の村人たちの「困窮」を招くのは自明のこととされ、ここでは、ときに清良の軍は作戦に当たって「乱取・狼藉せず」を標榜することもあった、という。きれいな美談仕立てになっているのが、かえって、現実であった戦場の乱取の苛酷さをしのばせる。

しかし現実には、戦場の大森城の土居清良の軍も、こうした美談だけに終始していたわけではなかった。

「土居方よりも、せめて一度は、この返報せん」と、敵の乱取への報復作戦を立て、六月下旬（麦秋）に村人たちが中心となって、「郷人ども四百余人、名本・里侍二十三騎」など、村々の兵士や村人たちばかりがそろって、土佐に侵入し、「青稲を刈り伏せ、在家ども少々焼き払い、牛馬あまた取りて帰る」という、報復の苅田・乱取を働いたこともあったという。

また、ある八月の初め、伊予（大森城）に押し寄せた土佐一条氏の軍は、この時もまた「城攻めをば二（二の次、後回し）にして、乱取りをこととす」というありさまであった。この戦場でも、やはり乱取目当ての作戦がくり返されていた。

これに対抗して、土居清良の領域では、秋に入るとすぐに、

なりしだいに、作（稲）も早取りせよ、あらかじめ作をば早くさするは、かかる時のためなり、宗案に相談にて、手回しよきようにすべしとて、夜を日につぎけれども、九月十日までは、八月の節なれば、稲熟さずして、はかも行かず、されども、そこそこ手寄り手寄り（最寄り）の城々へ、取り入れさせければ、四を三取って、一残れり、他領は、四をば一ばかりとる、

という懸命な措置をとって、対抗したという。

あらかじめ作付けを早目にしておき、村々に稲の早い刈り取りを、昼夜兼行で進めさせ、敵方の乱取を避けて、稲を最寄りの城へ運ばせた。しかし、まだ秋のはじめだけに、稲の成熟が不十分で、思うように収穫できず、四分の三の収穫に終わった。それでも大森城下では、敵の乱取逃れには大成功した方で、よそでは乱取にやられて、四分の一の収穫がやっとであった、というのである。

褒美の乱取

またあるとき、逃げる一条軍を土佐に追撃して、優勢に立ったさい、土居方を率いていた部将の桜井某は、自軍に向かって「下々の乱取りするを、そのままに置き、心任せにせよ」と、下々の兵士（雑兵）たちに、敵地で乱取するのを放置してやった。

次の日、これを聞いた清良が、桜井をとがめると、桜井某は進んで答えて、こう反論した、という。

昨日は、心任せに、取りたき物は取りてもよし、と言いしこそ。

下々は、かようのことに利を得させねば、勇まず。下々、たびたびの軍《いくさ》に出て働くといえども、一度、一度に恩賞はなしがたければ、手柄をし、骨折りたると思いながら、むなしく打ち過ぎ、あまつさえ、法度を強くすれば、気を屈し、かつて徳なきと思い、ひそかに伏す。

さるにより、場所を見合わせ、味方の費《つい》えにならざるところにては、わが物いらず、敵の捨て散らしたる物を取らせぬれば、喜びいさむ。……制法も控えざれば、下々放らつす、しかれば下知《げち》をきかず。

これによつて、常には、乱取りなどのこと、堅く無用、といましめ置き、さて、間に見合わせて、これをゆるす。何事も一概には定めがたし、時宜による、と心えられよ。

すなわち、下々の雑兵たちに対して、ふだんは、「常には、乱取りなどのこと、堅く無用」といましめているが、戦況をよく見極めたうえで、自軍が優勢になって、敵の逃亡した戦場では、ときには「心任せに、取りたき物は取りてもよし」と、褒美の乱取を、自由に認めてやるのが大切だ。なぜなら、ふだん雑兵たちは、戦場でよく働くが、かりに手柄を立てても、そのつど恩賞があるわけではないので、乱取禁止の法をあまり厳しくすれば、やる気を失って、かえって無軌道になってしまう。だから時には「敵の捨て散らしたる物を取らせぬれば、喜びいさむ」のだし、褒美の乱取なら「わが物いらず」(自腹を切るわけではない)ではないか、と説いていた、という。

ときに下々の兵士たちに公認された、こうした戦場の自由な乱取は、ふだん戦場で奔走しても恩賞もない、雑兵たちの士気を高めるには、大切な機会なのだ、というのである。

思えば、かつて私は『雑兵たちの戦場』で「放火・苅田・乱取りは、草の根の雑兵たちの手柄(稼ぎ)とされて、名誉ある武士の戦功とはまったく別の世界に属していた。」と、戦場で雑兵たちに乱取を許容することの意味を、あくまでも憶測として述べたことがあった。(7) いま、ここに、伊予の戦国で雑兵たちに許されたという、褒美の乱取への記憶が、私の推測を生々しく裏付けていることに、あらためて心ひかれる。

3　飢餓の村の記憶

戦場の乱取と村人の飢餓

一方では、敵方による戦場の乱取が、しばしば村人を飢餓に追い込み、他方では、凶作による自軍の飢餓を凌ぐために、敵方の村に対する褒美の乱取作戦が行われていた。戦国の乱取と飢餓の間には、深いつながりがあったことが、『清良記』の各巻に、数々の記憶として語られていた。

かつて、土居氏が豊後から来攻した大友軍に敗れて、大森城から没落し、土佐の一条家に亡命したと伝えられる年は、「七月十二日より雨は降らず、水はしだいにつまり、はかばかしく湯だにひかせず……七月より雨降らで、大旱魃《かんばつ》なれば、……七十日の長日照りに、土も木も草もこげければ」とか、この「土居落ちのみぎりは、土居領の民、飢寒しのぎがたく」などと語られていた。

大森城のある、現在の宇和島市三間の一帯は、十七世紀にはいっても、しばしば「日損所」[8]といわれる、旱損がちの土地柄であった、という。また清良がその亡命先の土佐一条家から、二年後に伊予へ帰城したときも、やはり「そのころは飢饉にて、貴賤飢えぬ」とあった。また永禄の中ごろにも「六月半ばより、七月下旬まで、大旱魃にて、小田の稲葉も枯れ果て」ていた、という。

どれも永禄初年頃という伝承である。この本の伝える年次の当否を確かめるのは難しいが、この戦国の永禄期頃には、凶作や飢餓がほとんど日常的であったことは、手製の災害データベースによってもほぼ確実である[9]。

有徳人は「宝の山」

またある伝えでは、天正元年（一五七三）のことであった、という。その年は、初め旱魃と長雨がくり返し襲い、麦を腐らせて実入りはなく、次いで五月から七月までは長雨・大洪水が襲い、七夕からはまた旱魃となり、稲も雑穀も草木も枯れ果て、その秋からは早くも飢饉となり、「飢えたる人、野に充ち、餓死せるもの、路頭に横たわる。さるによりて、侍をはじめ、百姓に至るまで、葛根を掘りて、日暮らしの食にあて」たが、「極月になりて、大雪降り積み、野山の通いなりがたく、いよいよ諸人難儀に及ぶ」という惨状となった。

この事情をみた大森城主の清良は、村々への城米の放出を決意し、戦略として兵粮米の備蓄を主張する家来たちの反対を押し切って、こういったという。

①当年、日損すと言えども、我《われ》内々の心がけ、常に宗案がいさめによって、作業をいそがせ、殊に旱《ひでり》もおそければ、他領にくらべ十倍に越えたり。その十を九つ民にとらせても、他の領主にはまされり。

②そのうえ、城下に道げん・長寿院・八十郎が母、彼ら三人の米は、通正《(河野)》・能信を合しても、かなうべからず。彼らは清良が宝の山にて、かかる時節の用にてこそあれ。

つまり、①つねに地方巧者の「宗案のいさめ」をよく聞いて、耕作を早目にと心がけてきたから、旱魃も凌ぐことができ、城米の備蓄は十分である。②そのうえ、城下にいる三人の有徳人の備蓄米も豊かで、その米は、このような大森領の危機にこそ、放出されるべきものであり、まことに有徳人たちは清良の宝の山だ、と語る。戦国の有徳人たちの、危機管理に果たすべき特異な役割(10)が、強い印象として、後世に語り継がれていたのであろう。

ここに「宗案のいさめ」というのは、巻七（農書）に集約された農法を実践したため、飢餓対策は十分にできているというのであり、さらに城下の有徳人の備蓄米も、領主の飢餓対策を助けて、有効に機能することが、十分に期待できた。おそらく彼ら有徳人たちの放出は、出挙《すいこ》（貸付）の形で行われたにちがいない(11)。

大森城お抱えの有徳人

こうして、永禄から天正の年代にかけて、旱魃・長雨による飢饉が続いていたことは、手元の中世災害データベースによれば、決して伊予だけに止まるものではなかった。

戦国の戦争がもっとも激しさをみせた、この時期の戦場の乱取は、こうした飢饉や凶作を凌ぐための、必死の方策（暴力的な富の再配分）でもあったにちがいなく、そのくり返される乱取がまた、戦場の村に飢餓をもたらす大きな原因ともなっていた。

その悪循環の続く戦国の世の中を思えば、『清良記』全三十巻には、その深刻な飢餓の記憶が語りつがれ、いわゆる農書＝巻七だけに止まらず、広く全三十巻に、戦場の村の危機管理の書＝農書という性格を与える、大きな背景であったことが知られる。

なお、この三人の有徳人（森の道げん・八十郎が母＝田中の御前・長寿院）は、「勝れて徳なる者」といわれ、村々が戦場になり、激しい乱取の横行する中にも、「この三人は、かしこにかくし、ここに埋めて、たびたび難をのがれた」という、危機管理に強い有徳人たちであったという。ここに戦国の世の常であった「隠物《かくしもの》」（安全地帯への財物の避難）の習俗が、近世の伝承として、なお生々しく語られているのにも、やはり深く心ひかれる。(12)

これら有徳の三人のうち、森の道げんは、もと侍であったが、出家して「商売を業」とし、「心きたな」く「愚痴」にして、「邪見」であったため、「唐犬道犬」と仇名されたが、「米銭たくわう道にはかしこく」て、大森城の林の一角に屋敷を与えられて、ほかの二人の有徳人と、集まり住んでいたという。大森城お抱えの有徳人という形がしのばれよう。

また、八十郎の母＝田中の御前は、もと田中常陸という西園寺家の武士の妻であったが、常陸が急死して跡が絶えてしまったため、無田《むでん》（三間町務田）に流れてきて、多くの下人を駆使して田地を作り、「ほどなく有徳」になったという。

長寿院も、もとは西園寺家の恩顧《おんこ》を受けていた出家《しゆつけ》であったというが、「あくまで欲深く」て、僧や侍に高利の金貸しをし、「金銀ほしがるばかり」といわれていた。

かつて、土佐の一条家に亡命していた清良が、二年ぶりにもとの伊予の大森城に復帰したとき、これを迎えた旧臣たちは、みな落ちぶれていて「ここかしこにしのび、飢におよべば、久しく衣をかえざる地蔵の態」であった。ところが、城下に近い宮野下に祭られる三島神社の神主は、精米三十石・みそ桶五つ・酒樽二つを献上し、有徳人の田中の御前もまた、米五俵・醤油一樽などを献上して、歓迎の意を表した、という。

これら三人の有徳人は、土居（大森城下）を拠点に、「敵領までも物を貸し」、「一を貸して二をと」るという、きわどい高利貸を、手広く行って蓄財し、ついには「大森ろう城するとも、一年は、この三人の米にて、こたえべき」と取りざたされ、「まことに領内の宝なり」といわれるほどに成長をとげていた、という。

この三人について、「これらのこと、皆、家老衆の才覚なり」とし、大森城衆が、日頃、有徳人たちを庇護していたというのは、それが土居家中の危機管理策の重要な一環であったことを示唆している。

なお、のちに伊予西園寺氏の軍が毛利氏に加勢を求められたときにも、「領中の有徳者ども、こたびの役に立つとて、宇和郡の内にて五十九人記し出し、金銀米銭をかり」て、宇和郡の侍たちは、出陣のための飯米・路銭を調えることができた、という。

戦場の社会に有徳人たちの果たした役割の大きさも、この本には、くり返し伝えられていた。これもまた、領主の危機管理策の一環としてみれば、やはり印象的である。本書の二章「一向一揆と飢饉・戦争」で引いた「トシノカライトキ、ウトク《（有徳）》ノ人サウサク《（造作）》ヲハヤラ《（流行）》スル」（41頁）という、飢饉の中で果たした、有徳人のしたたかな役割が思い出される。

4　戦場の村の記憶

武力を持つ百姓たち

かつて土居清良の主従が、大友氏との戦いに敗れて、土佐の一条家へ落ちていく途中のことであった、という。一行は「深田の郷人ども、どっと出で」て、落人《おちうど》狩りの網を広げて待つのに、取り囲まれてしまった。

大森城にも近い深田(13)の村人は「衣裳どもくれ候え、さなくば通すまじ」とか、「落人にうたがいなし」といって、落人の着衣や持ち物を奪い取ろうとしたが、清良の一行は「落人なればとて、知りたる者をはぐようやある」といって、追い散らした、という。

戦国の村では、たとえ相手が武装した集団でも、異様の姿でひそかに村を通ろうとするものがあれば、それを落人とみれば、仮に顔見知りであろうと、その村人も容赦せずに立ち向かい、身ぐるみ剝ぐことを常とした。村人の側に、それなりの武装の用意と交戦の経験がなければ、落人とはいえ、武装する集団を、身ぐるみ剝ぐことなどは不可能であったろう。村にはそれだけの自前の武力が蓄えられていたのであった。

また、ある春先のころ、薄木城(14)領の八助という百姓が、他領の中野(15)のうち、沢松の山で、竹を切り採っているのを、中野の山主に見つけられ、さんざんに打擲《ちょうちゃく》されて半死半生の目にあわされた。

これを知った薄木領の百姓たちは、「押し寄せて、打ち返さん」といって、ただちに報復（打ち返し）を企て、次の晩に、三十人ばかりの集団で、中野の村に打ち入り、山主ら七、八人を打擲して半死半生にし、復讐をとげ鬨《とき》を作って、引きあげていった。

その後、中野方の小姓衆が川狩りをしていると、ふたたび薄木方の百姓たち二十人ばかりが、畦に立てておいた刀を取って、六、七十人の中野方の侍衆を追い散らし、しもべ十五人に疵《きず》を負わせて、大笑いしたという。

ところが、こうした村どうしの紛争を聞きつけて、中野方の親類や村人（郷人ども）に城からも加勢して、五百余人の大集団で報復に押しかけると、薄木方の百姓たちは、薄木城に逃げ込んでいった。

そのため、元はありふれた百姓たちの「山公事《やまくじ》」（山争い）であったものが、ついに薄木方・中野方の武士たちをも巻き込んだ、領域間の戦闘にまで拡大した。双方ともに、しもべ六十余人が討たれ、侍にも手負いが出る、という大きな騒ぎになった、という。

山野相論

ただし、村同士の山争いが、いつも大がかりな領域間の武力紛争に発展するわけではなかった。

あるとき大森領＝三間の山人が、北に境を接する周知郷（西予市野村町）の北山へ用材を伐りに登ると、周知郷の村人は、三間の山人から「山人の斧・柄鎌《えがま》を取り、松・薪を奪う」という、相手の持つ山道具と刈り取った山の木を差し押さえる、という行動に出た。

その事件から後、三間側では、北山で少しの用材を伐るにも、三十人から五十人もの集団で、防禦を固めて出かけるようになった。土居清良も、楯板にする赤身の黒木を取るときには、手勢六、七十人に弓・鉄砲を持たせて、北山に登ったので、周知方の者の妨害にあうことはなかった、という。

ただ、あるとき、山中で村の集団から一人離れた三間の者が、北山の野村（西予市野村町）の者に、山仕事の荷物を没収されてしまうと、三間勢は野村の者を待ち受けて、その荷物を取り返し、報復に「その者どもの髪を切って、かえし」たという。相手を拘束・殺害したりはせず、頭を坊主にするという軽い身体刑で止める抑制が働いていることに、中世らしい山論の作法もしのばれる。

その後は「三間より用木あるときは、領内言い合わせ、多勢にて参りぬ」という、厳重な警固に注意を払った。そのため周知方は「この仕返しをせん」と、反撃を試みるが、その機会もなく、ついに「山公事（山の訴訟）に言いつのり、目安（訴状）を書き、西園寺殿へたてまつる」という、上級の領主への提訴の行動に出た。しかしその裁判も「三間の勝」になった、という。

相手方の村は、しばしば血讐《けつしゅう》に至る実力による報復を諦めて、上級の領主に目安をささげて訴訟を起こす道を選んだ、というのである。戦国の伊予の山争いも、日常には規模の小さい、当事者どうしの応酬で片がついていたが、ときにこじれて大がかりな紛争になると、一方では、上級の領主の法廷に訴訟にもちこまれ、他方では、暴発すると多くの死傷者をだすほどの実力行使、つまり合戦相論（武力闘争）に発展することもあった。広く中世の山野相論に、しばしば見られた光景であった。

地域防衛の「百姓いくさ」

次には、この山公事・牛公事などに、日常的に持ち出される村どうしの武力が、名本・百姓たちを中心として、ときに戦争に向けても組織され、発動されることも少なくなかった、という伝えに注目しよう。

大森城下の村々の戦場には、百姓たちを主体とした戦いがあり、しばしば「百姓いくさ」とか「地いくさ」「地戦」などと呼ばれ、それは、明らかに村による地域防衛の様相をみせていた。

たとえば、敵方から「地いくさには、いつも五百余騎もあり、百姓・侍を合わすときは、七百余騎あれば、普通には清良を破らんことなり難し」といわれたほどに、村々もそれなりに組織された村の武力を保持していた。

あるとき、土佐の一条勢が国境を越えて、伊予の大森城に七百余騎の兵を向けると、大森方では「内々、百姓ら一戦を望み申」すといい、「郷人どもを集め、百姓いくさにさせ申すべく」ということになった。そこで、村人たちを「百姓いくさ」に「勢ぞろい」させると、その数は老若合わせて七百余人にものぼった。この百姓の勢いをみた土佐方の兵は、戦わずに引き揚げて行った、という。

また「地戦には、何時打ち出されるとも、五百騎ばかりあり、と聞こえ申し候」といわれたし、「土居の里侍《さとざむらい》・名本《みようもと》三十騎ばかり、郷人ども四百余人先立ちて」ともいわれていた。「地戦」「百姓いくさ」には、三十人ほどの里侍と名本が、四、五百人ほどもの郷人＝百姓を統轄して、常に戦う構えをとっていた、という。

名本というのは、三間（土居）領に十三人いたといわれ、[16]「右十三人は、名本とて、百姓の頭《かしら》也、侍分の知行を下され、騎馬にて罷出《まかりで》る。是等は一村々一円の分なり」とか、「名本とて、里侍之分、村々にこれあり」とも説かれ、「名本衆」とも呼ばれていた。

また「侍はいうに及ばず、村里の名本まで参りつどいける」ともみえるから、名本というのは、本来、侍・里侍など、村の侍たちとは峻別される、村々の名主・庄屋のような地位にあった者たち、とみられよう。

だから、この名本たちは「百姓いくさ」だけに登場するのではない。たとえば、敵軍に襲われ田植えを妨害されるのを避けようと、田植えを急がせたときには、大森城主は「領中の名本にふれ渡し、夜を日についで、四月中に、大方、田を仕回」したといわれていた。本来、名本たちは、村をまとめて農耕を主導する役割を担わされていた、というのである。

また、領内の二つの村の百姓たちの間で、本来、放し飼いを常とした牛の帰属をめぐって、「牛公事」の紛争が起きたとき、「両村の名本、引き渡し衆まで、寄り合い」、解決のために奔走していた。

また、やはり放し飼いの牛馬が、夜の間によその早稲を食い荒らす、という事件が起きたときも、訴えられた清良の奉行衆は「名本三、四人呼び集め、今朝よりその吟味を聞」いてみたが、埒が明かず、ついに宗案が乗り出し、裁定を「名本どもにふれ」て、早稲の被害を二人の牛主に弁償させる、ということで決着をつけた、という。

なお、大森領の里侍《さとざむらい》というのは、「よき者の真似をしならい、侍の真似をする」百姓たちを選んで、「里侍と名付けて、村々に置」いた者たちであった、という。「彼らは沙汰をよくわきまえたるをもつて、奉行・諸役人、僻事《ひがごと》を言い付くるか、との横目《よこめ》の頭《かしら》なり」ともいわれ、ときには村の横目、つまり村ごとに行政監察の役割を担わされてもいた、というのである。武士とは区別される、里（村）の侍であったらしい。

武装する女性や子ども

最後に、この軍記が、しばしば村々の女性たちの戦争参加を伝えている、という事実にも注目しよう。この本では、大森城の兵士たちの活躍ぶりを自慢するのに、たとえば「いずれも軍《いくさ》上手のうえ、下々百姓・人足までも、ご陣ごとに手柄……、女も皆、敵を討つこといと易く、見ては恐ろしく候」などと語られていた。

あるとき、大森城が攻められると「旗本は五、六町引き下げて、大森（城）のふもとに、六、七百人、いかにも広々と立ちならぶ、これ皆、女・わらべ、老いたる侍分なり」といわれ、女性や子どもや老人たちは、戦闘の調略にも重要な役割が与えられていた、という。

また敵に襲われ、大森城の城際まで迫られた、ある苦しい戦いのとき、大森城では「女・わらべ五百余人を、三手に分けて、旗立てさせ、城のふもとへ出す」、という作戦をとった、という。

またある戦いでは、「女にも小具足《こぐそく》きせて、東西の尾よりおりて、後詰《ごづめ》なり」と、武装した女性たちは、戦いではもっとも重要な、後詰めの役割までも担っていた、とされる。

また、大森城の向かいの支城であった新城では、城主清良の姉が城代を務めていたし、その「新城よりは、女も三十人ばかり、打つて出て、いずれも男にまして、手柄をする」といわれ、ここでは、女性だけの兵力も編成されていた。

またあるとき、敵に囲まれたこの新城では、「敵、山中へ引き上げれば、新城より、女房ども、玉木源蔵が母を先として、男少々あいまじり、横切りに打つて出る。敵、しばしもこらえずして、八方へ逃げ散る」という奮闘をみせた。また「城の中に残りたる老人・女・童などに、古具足を着せ、竹鑓《たけやり》など取り持たせ、かつぎつれて打つて出」るという、地域防衛の総力戦にも、老人・女性・子どもが、つねに数多く参加し、活躍していた、という。

戦争のあいついだ内戦の時代から、平和になった、ほぼ半世紀ほども後の、十七世紀半ばころの軍記に描かれた、戦国の世への記憶の中でさえも、女性や子どもの戦争参加が、当然のこととして語られているのにも、あらためて心ひかれる。

おわりに

あるとき、ふと手にした軍記『清良記』には、「乱取」という、戦場の略奪を意味する語が満ちていた。しかも農書『清良記』（巻七）は、全三十巻のなかに、乱取対策を主とする、戦場の村の勧農と危機管理の物語、という脈絡のなかに、しっかりはめ込まれて語られていた。また、領主の勧農と戦場の危機管理を補佐する、理想の地方巧者として、松浦宗案という人物が、農書とともに、語り出されていた。

近世前期の成立とみられる本書は、その全体が、村人たちの苛酷な戦場への忘れがたい記憶に満ちていた。私の旧著『雑兵たちの戦場』では、まだ推測に止まっていたり、筆の及ばなかったりした、いくつものことが、この全三十巻の戦場の記憶によって、しっかり裏書きされたように思う。

乱取の描写はことに生々しく、海の彼方の大名大友軍の船団が、年ごとの収穫期に、乱取だけのために、くり返し伊予の村々を襲っていたこと、戦場の乱取は恩賞にあずかれない雑兵たちの所得であったこと、乱取対策は領主勧農の核心にすえられていたこと、さらに、くり返し襲う戦いと飢饉、有徳人への特異な期待、地域を防衛する「百姓いくさ」や女性兵士たちの活躍、村どうしの暴力の応酬の描写。それらから私は、厳しい戦場の村の姿が、平和な近世の世に、まだ強く記憶されていたことを、思いがけず豊かに学ぶことができた(17)。

Ⅱ　戦場の村と城

五　戦国九州の村と城

はじめに

ある夏（一九九四年）の日々、私は自著『雑兵たちの戦場』(1)の取材で、九州の各地を点々と歩いたことがあった。地元の若い研究者の方々に応援をいただいて、現地で未知の文献の数々に出合い、多くの古戦場の城跡を訪ね歩いたのであった。

その夏旅で私は、戦国も末の九州の戦場は、英雄（大名）たちが覇を競う、華やかな合戦の場というよりも、村人たちが雑兵によって、身ぐるみ剝がれ、村ごと人がさらわれ、家財をまるごと奪われ、田畠の作物を荒らされるという、苛酷な内戦の場であった、という印象を深くした。

その一方で、九州戦場の村人たちは、厳しい戦禍にさらされながら、生命や財産を守るために、あるときは自らも城をつくって大名の軍隊に抵抗し、村の山や海の島に逃げ籠り、あるときは、近くの領主の城さえも村の避難所に開放させ、ときには、村として武装し、敗戦の兵士の落人狩りまでして、たくましく生き抜いていた。

九州の文献に語り伝えられる村人たち手づくりの城というのは、村人もまた自前の「村の城」をもっていたことを示唆している、と私は感じた。その実像は、九州戦国への記憶の中に、軍記などの中に、生々しく語り継がれていたのであった。

その実像は、九州の村々が、ふつう惣村《そうそん》といわれる、共同の組織をもって、ふだんに領主や近隣の村々と、厳しく対決と連帯をくり返し、おのずからなる秩序をつくり上げていた史実と、切り離せないものであったのではないか。

また、村人が戦火を逃れて、近くの「領主の城」に避難するというのは、「領域の城」もまた、戦禍のあいつぐこの時代には、村人たちの生命や財産の安全を保障する、いわば領域の村の生命維持の責務を、領主が負わされていたことを示唆していた。

常備軍の兵士たちの数で守るだけの規模をはるかに上まわるような、大がかりな曲輪《くるわ》をいくつも備えた領域の城というのは、戦争のさなかに村人たちの安全を保障する、村の生命維持装置《サバイバル・システム》でもあったのではないか。

なお、戦国も末ころになると、城の近くの町場や集落まで、土塁や堀で城の内側に囲いこんでしまう、「惣構《そうがまえ》」といわれる、西欧の城市《じようし》（城のある町）とよく似た、大がかりな防備のある城も、最近では、九州の各地で注目されるようになってきているという。

ここでは、私の九州歩きの旅で学んだ、こうした戦国の「村の城」や「領域の城」のありようを、これまで地元で鋭く豊かに明らかにされている、主に北部九州（福岡県・佐賀県など）の中世の自立した村々（惣村や郷村）のありようにも深く学んで、もっぱら村人の側から、あらためて見直してみたいと思う。

1　戦場の人の略奪と村の戦禍

戦場の生け捕り

戦国九州の村人たちにとって、戦争とは何であったのか。

それは永禄元年（一五五八）のことであった、という。筑前の宗像地方（福岡県宗像市）の「郡中の民」は、「豊兵（豊後の大友軍）のために、人を剽掠《ひょうりゃく》せらる」という人さらいの戦禍にあい、「乱を大島に避けて……江を渡りて逃げ去る」という苦難にあっていた(2)。

宗像郡中の僧侶も農民も、近くの海上の大島に逃れて、「乱塵《らんじん》」を避けようとしたが、多くの民が大友軍のために「剽掠」、つまり身ぐるみ奪い去られてしまった、というのであった。

同じ記録は、こうも伝えている。

そのあと永禄六年（一五六三）九月にも、戦火にみまわれた筑前博多（福岡市）の聖福寺《しょうふくじ》の僧侶や町の人々は、寺や町を捨てて、海上の志賀嶋《しかのしま》（福岡市）に難を避けた、と。その戦禍は、博多の問丸《といまる》（豪商）たちまでも志賀嶋に避難せざるをえないほど、悲惨な「博多津の錯乱」であった。(3)

村や町が戦場になれば、そこに住む人々は襲いかかる敵軍の兵士に、家財や作物ばかりか、「剽掠」といわれた、身ぐるみの「人さらい」にあうのは戦争の常で、それが「乱塵」や「錯乱」の核心にあった。

戦場の人さらいは、けっして大友軍だけの仕業ではなかった。たとえば、九州の南でも、肥後（熊本県）の相良《さがら》軍の戦場では、

①敵千余人打ち取り、いけ取り、惣じて二千人に及ぶ（天文九年＝一五四〇）

②打ち取り五人、生け取り五十三人、牛馬卅疋（弘治二年＝一五五六）

などと、「打ち取り」つまり首を取られた武将よりも、「いけ取り」つまり身ぐるみさらわれた村人の方が数倍にものぼっていたし、大切な牛や馬も略奪された、と証言されていた。(4)

もっと南の薩摩（鹿児島県）の島津軍の戦場でも、「濫妨人《らんぼうにん》など、女《め》・童《わらわ》など数十人引きつれ、かえり候に、道も去《さ》りあえず候」という、悲惨な光景が、島津家の家老によって目撃されていた。(5)戦場の略奪ばかりを専らにして「濫妨人」と呼ばれていた連中が、戦場の村々から女性や児童ばかりを数十人もさらって、国元へ引き揚げて来るのに出会ったが、その数が余りに多いので、道がふ

さがるほどだった、というのであった。

戦国の終わりに九州を制圧した豊臣秀吉は、その直前の大友・島津（豊・薩）戦争で、島津軍によって豊後から大がかりに連行された民衆の実情を深刻に受け止めて、次のような救済措置の指示を、九州各地（筑後・肥後など）の豊臣大名たちにまで、くり返し出していた。

豊後国の百姓、そのほか上下を限らず、男・女・童を近年売買せしめ、肥後（筑後）国にこれある者の事……きつと返付《へんぷ》すべく候、殊に去年以来、買い捕り候人の事、なおもつて買損《かいそん》……(6)

薩摩の軍に豊後からさらわれ、筑後や肥後にまで売り払われた、豊後の百姓たちの男性や女性・児童などは、すべて故郷の豊後に返せ、とくに去年（天正十六年＝一五八八カ）以来、売買された者（奴隷狩り）は、すべて売買無効（買損）とする、というのであった。

この奴隷狩りが、戦禍の焦点であるが、戦場の村の惨禍は、それだけでは済まなかった。たとえば天文三年（一五三四）の春先、太宰府天満宮領では、戦場の悲惨な姿が、こう語られていた。

御弓矢、慮外《りよがい》に罷《まか》り成り、当国難儀に及び候、覚悟に候といえども、是非なく候、……頼《たのみ》候者、老体・足弱、行方《ゆきかた》なく候、如何《いかが》たるべく候や、(7)

戦争（弓矢）の状況が思いのほか深刻（慮外）で、国中が苦難（当国難儀）にみまわれている。老人や女性や子どもたち（老体・足弱）は、いったいどうすればいいのだろうか、と途方に暮れている様子が、切実に伝わってくる。

追いつめられた村人たち

さて次に、こうした戦場の村々のふだんの素顔を詳しく探ってみる必要がある。

それは元亀二年（一五七二）末のことであった。香椎《かしい》宮領の村「ぬまくち百姓中」が、領主に宛て、戦火の村で「多分の百姓中、他出《たしゅつ》」という事態が起きていると訴え、村人たちがまとまって「百姓中申状《もうしじょう》」（村の訴状）をつきつけて、こう申し入れていた。

当年の儀ハ、数年、御弓矢の砌《みぎり》に候あいだ、悉《ことごと》ク不作仕《つかまつ》る、それについて、御土貢（年貢）めいわく仕り候て、多分の百姓中、他出（逃散）仕り候、(8)

つまり、数年も戦争が続いたため、村の田畠はすっかり「不作」になってしまい、今年はぬまくち村（未詳、福岡県の香椎・立花城付近ヵ）の多くの「百姓中」が、年貢などとても納められない（「御土貢めいわく」）といって、「他出」つまり村を捨ててしまった、というのであった。「多分の百姓中、他出」とあるから、村人が結束して領主に抗議し村を出る、「逃散《ちょうさん》」に近い闘いであったのであろう。

また、ある年に、同じ香椎宮領内の山田村（福岡県糟屋郡久山町）の社米について、領主が「百姓無道《むどう》」と嘆いているのが目につく。村の厳しい動きに押されてか、今年からは、村が戦場になって戦禍にあっている間は、年貢は半分しか納めなくてもいい、と認めなければならなかったのであった(9)。

さかのぼって大永四年（一五二四）には、いまは福岡県筑紫郡那珂川町の辺にあたる、御笠郡が戦禍（「忩劇《そうげき》」）にあったといって、「郡内の御百姓等」が結集して、領主に「徳政の事、懇望《こんもう》」（課役や負担の免除を求める）、という事件が起きていた。

その強い要求に押された領主側は、次の大永五年と六年の二年間は、徳政を行う（「それについて、大永五、六両年、社家中も徳政……」）と、免税を約束させられていた(10)。こうした戦禍のときの徳政は、世間では広く「弓矢徳政」といわれて、内戦の中の減税や免税は、いわば当然のこと、とされていたのであった。

また、天文二年（一五三三）の末にも、満盛院領では、去年は国中が戦禍にあったため、だれも段銭《たんせん》（土地課税）を納めない（「去年のことは、惣国《そうこく》忩劇、段銭不納の儀、紛れなく候」）という、悲惨な事態になっていた(11)。ここにも、戦禍の広がりと、したたかに免税を領主に求める、村人たちの懸命な姿が印象的である。

なお、戦国のいつの頃か、香椎宮領では、今年はひどい旱魃（日そん（損））に襲われて不作となり、もう乞食するしかない（「しかと、こつしき（乞食）に相定まり申し候」）、という深刻な凶作に苦しむ、という年もあった。[12]

あいつぐ戦禍や凶作が、「不納」「他出」（逃散）から「日損」（旱魃）、「乞食」（浮浪）へと、村人たちの暮らしや行動を追い詰めて、深刻にしていた様子がよくわかる。

軍隊の略奪・作荒らし

なお、後世の覚書《おぼえがき》や軍記類も、さまざまな村の戦禍の実情をつよく記憶し、こう伝えている。

①筑紫《ちくし》広門《ひろかど》、毎夜、兵ヲ遣《や》リ、立花寺《りゅうげじ》ノ近邑《きんゆう》ヲ剽掠《ひょうりゃく》セシム、……広門ノ兵三百許《ばか》リ、争テ民家ヲ劫《こう》ス、[13]

②諸軍勢は河崎に陣を取て、黒木領分の作毛をひかせ、粮米《りょうまい》を拵《こしら》へ、或《あるい》は隣郷に運ばせ、或は焼捨などして、日を送る、[14]

③彼是《かれこれ》数千騎を以て楯籠《たてこも》り、其《その》兵糧の料として、城（簗河《やながわ》）の四維（囲カ）六十町の稲を悉《ことごと》く刈採り、城内へ籠《こめ》置き……[15]

④（豊臣秀吉は）惣御陣中を御覧《ごらん》成され候て、町人浦々さいゑん（菜園）、その外、御陣廻りの作物、損い申し候由、いかゝ仕《つかまつ》り申し候て、此の中より言上申さず候やと、箱崎さやの辻と申す所へ、御馬を召し据《す》えられ……[16]

まず①では、筑紫広門の軍兵三百人ほどが、席田郡の立花寺（福岡市博多区）の近くで、争って村々や家々を略奪（剽掠・劫）していた、という。②では、大友軍が黒木領（八女郡）の村々で、田の稲（作毛）を刈り取って兵粮にしたり、焼き払ったりしている、という。

③では、築河城（山門郡）に籠った軍兵たちが、城廻り六十町もの田の稲を刈り取って、兵粮として城の中に運び込んでいる、という。④では、博多の町でも、町人や浦々の菜園などの作物が、戦争の被害を受けていたのであった。

初めにみた戦場の村々の人さらい、奴隷狩りに重ねて、こうした軍隊の家財の略奪や、田畠の作荒らしにあえば、戦場になった村々は収穫の道を断たれ、年貢どころか、乞食も覚悟せざるをえないような、激しい荒廃を免れることができなかった、という窮状がよくわかる。

なお、戦場で略奪に励む兵士の姿については、関東（千葉県）の後の軍記に、「太郎左衛門は、此の度の合戦に、十人余りの武具・衣裳を剝《は》ぎ取り、過分の有徳《うとく》（裕福）に罷《まか》り成り候」とか「武具を剝ぎ取るは……自身の所得なり(17)」などと、どこの戦場でも、略奪のもうけを目当ての戦争が行われていた有り様を、生き生きと伝えていたことが思い出される（185頁参照）。

2　村の城に籠る

村の城

こうした戦争の惨禍に、村人たちはどう立ち向かっていたのか。平和な江戸時代に書かれた軍記類が、意外にも戦国筑前の戦場の村人たちのしたたかな行動の記憶を、次に記す①〜④のように、じつに生き生きと書き留めていた。

四つの村の城

①早良《さわら》郡の内鳥飼村へ、郡中の者共、肥前（龍造寺）方《かた》仕り、彼の村に捕《とりで》を誘《こしら》え、籠《こも》り居り申候……郷人とハ申しながら、持さゝへ候故、破り兼ね候て、摂津守（十時）方初と仕《つかまつり》、その外、手負《てお》い数人御座《ござ》候(18)、

②岩戸庄（筑紫方）御動《はたら》き成され、（戸次勢）引揚げノ時、大久庵と申す村へ、郷人閉じ籠り、人数七、八百と見候、時声《ときのこえ》ヲ上げ申し候あいだ、ついでに打破るべく候由候へ共、彼の村かしこく候て、村きわニ、口（幅）七、八間程の堀を隔て、籠り居り申し候あいだ、殊の外難所にて

候故、かもわん躰《てい》にて、御引取り成され候、かりそめニも、城ハかしこき所ニ究《きめ》候物と、その刻、皆以て申され候也、(19)

③四、五十人ノ女・童共ニ、鎗・長刀ヲ持セ、中津尾ニ込入《こめいり》テ、二方ノ口ヲゾ堅メケル、……中津尾ヲ攻破ラント進ミケルガ、一騎打ノ難所ナレバ、時ノ間ニ女・童ノ手ニ掛リ、谷底ニ落重《おちかさなり》テ、死スル者百人ニ余リヌ、(20)

④筑前早良郡山門村に、郡中の郷人共、要害を構へ、取り籠る、道雪《(戸次)》是を攻むべしと、猶子統虎《(別次)》を従軍し、二月十日、彼の要害に押し寄せたり、其砦を見るに、隍《ほり》を掘り、逆茂木《さかもぎ》を結い、柵《さく》を振り、畳を立て並べて屏《へい》となし、弓・鉄炮を緊《きび》しく放ちける、(21)

まず①は、いまは福岡市内になっている、早良郡の鳥飼村に「郡中の者共」が砦＝要害をこしらえて、そこに「郷人」が立て籠った、という。なお後の軍記は、その様子を、その要害に戸次（十時）軍が押し寄せてみると、村の廻りに堀を掘り、堀のなかに逆茂木（イバラの柵）を結い、柵を廻し、畳を立て並べて塀にして、中から弓や鉄炮をきびしく打ちかけてきた、とじつに詳しく描いている(22)。

軍記の伝えはともかく、より信頼できる「豊前覚書《ぶぜんおぼえがき》」に、「郡中の者共」とあるのは重要で、近隣の多くの村々が連帯して、自分たちの共同の要害を造り上げていた様子がしのばれる。村々の連帯ぶりについては、また後に述べよう。

次の②は、いまは福岡県筑紫郡那珂川町になっている、岩戸庄の大久庵という村に、七、八百人もの「郷人」が閉じ籠って、気勢をあげていた。これをみた戸次軍が打ち破ろうとしたが、幅七、八間もの堀を掘り巡らして立て籠っていて、ことの外の難所で危ないので、相手にせずに引き揚げた。立花軍の兵士たちは、城はこうした地の理を得たところに築くものだ(「かりそめニも、城ハかしこき所ニ究候物」)と、村の城の堅固さに驚嘆した、という。

この岩戸庄というのは、福岡県那珂川町の地図に、岩戸の地名がみえるのを頼りに、かつて現地を訪ねてみたが、「大久庵という村」の名をこの町の中で見つけることはできなかった。

その後、ある秋の日、福岡市博物館の堀本一繁さんから、那珂川町の中原《なかばる》という現存する集落に、江戸時代には「大機庵」という、観音像を祀る仏堂(観音堂)があり、そこには「里城」もあった、という情報(23)をいただき、筑紫氏に詳しい鳥栖市役所の石橋新次さんらの案内で現地を訪ねてみた。大久庵《だいきゅうあん》という史料②の呼び名が、この大機庵《だいきあん》とよく似ていたのが、何よりの手がかりであった。ただ、いまの現地は、九州新幹線の整備工事と周辺の都市化の進みで、大機庵もすでに撤去され、すっかり様子が変わっていた。しかし、地元の井上敏明さん(一九四一年生)の談話に、豊かな手がかりがあった。

この中原の集落の中央に、レーキヤ(大機庵・デーキアンの転訛か)という地区名があり、かつてそのレーキヤにあった仏堂(大機庵)には、観音像が祀られていたといい、その隣の高い所には、ジョー(城)とかジョーノヤマ(城の山)という、いまは削平されてしまった、城山の地名も残り、また、かつてその集落の北側には、大きな土塁も築かれていたし、集落の西側には、かなり長く幅の広い堀の掘られていた痕跡も、まだかなりよく残っている、という。

さらに堀本さんの提供による、明治三十年の二万分の一地形図や、現地の明治期の町役場の地籍図によれば、この集落は、三方を水田で囲まれた小さい台地で、その台地の細い首の部分は、深く長い堀で掘り切られ、ジョーノヤマ（城の山）の一帯を中心に、周りから完全に隔てられていた様子が、はっきりと描かれていた（162頁図参照）[24]。

史料②にいう「村きわニ、口（幅）七、八間程の堀を隔て」という堀は、これを指すのであろう。近世には「里城」とも呼ばれたという、この「村の城」は、ここ中原の地籍図と、現地の堀跡の一部と、村の伝承に、はっきりとその姿を留めていたのであった。「豊前覚書」の記事は虚構ではなかった。

次の③は、大宰府にも近い、宝満城の曲輪《くるわ》の一つであった中津尾の曲輪に、鎗・長刀で武装した村の女性や子どもを四、五十人ほども籠らせて、城の二つの口を固めていた。敵方の軍隊はこの曲輪を攻め破ろうと押し寄せたが、中津尾の城は山城で深く狭い地形の「一騎打ノ難所」だったため、いつの間にか軍兵たちは、城の女性や子どもたちの手にかかって、谷底に打ち落とされ、戦死するもの百人余りに及んだ、という。

最後の④は、前半には「早良郡山門村に、郡中の郷人共、要害を構へ、取り籠る」とあって、今津湾に面した山門村（福岡市）でも、「村の城」の存在を示唆するよい例として、注目される。

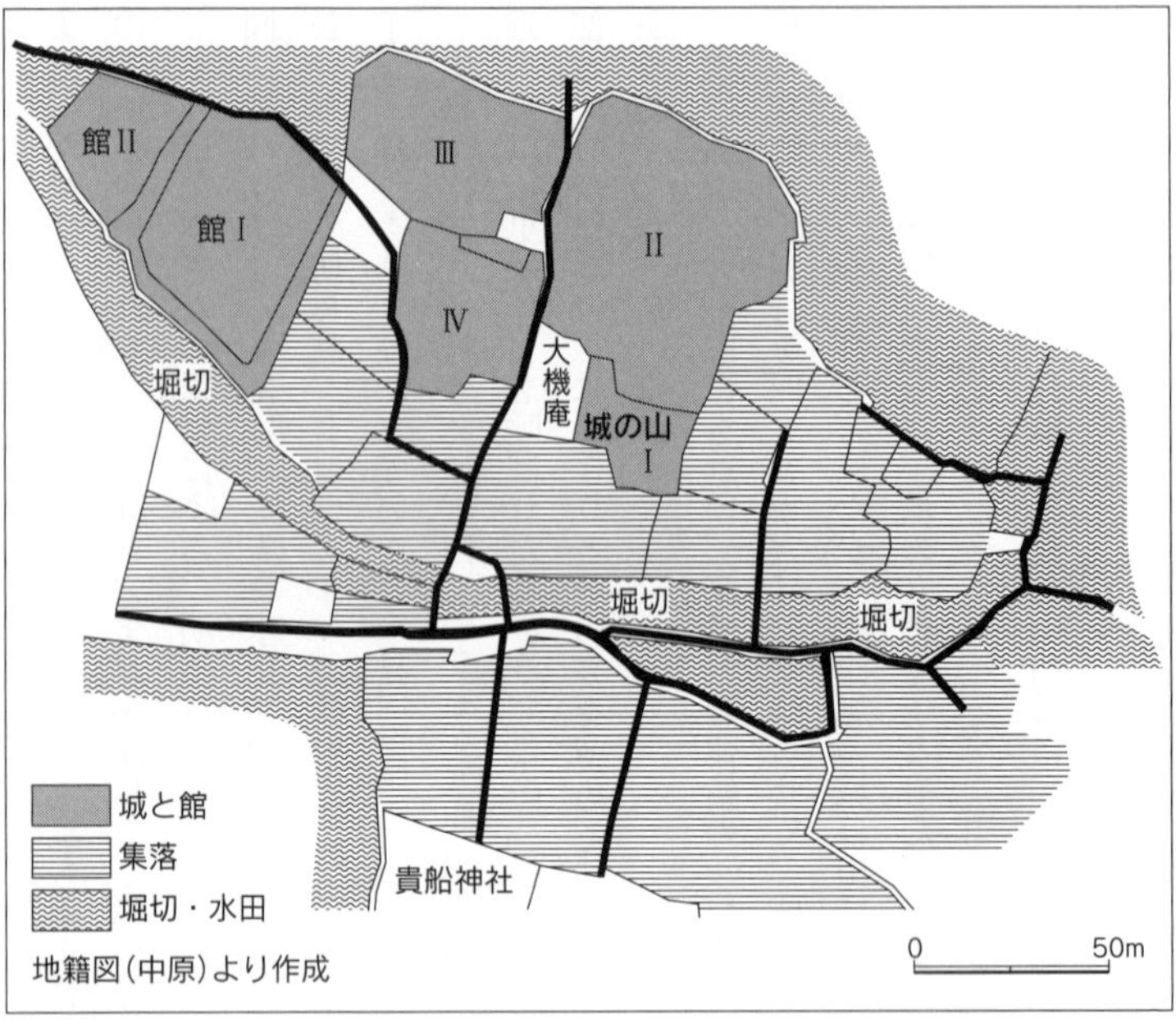

城の山《ジョーノヤマ》の曲輪と堀切　作図：水口由紀子

「城入り」と「山入り」

こうした九州の「村の城」を訪ねる最後に、先にもみた「豊前覚書」の伝える、戦時の筑前の村人たちの興味深い行動にも目を向けてみよう。

糟谷《かすや》・莚田《むしろだ》・院内《いんない》の郷人、残らず立花（城）に足弱《あしよわ》召連れ、罷《まか》り上《のぼ》り候へども、宇美村矢野・高武《こうたけ》近村の者共、申し談じ候て、極楽寺・障子嶽《しょうじたけ》山奥に引き籠り、秋月方を仕り候……、(25)

これは、天正六年（一五七八）末に、戦火が迫ると、立花城には、直線で八～一〇キロほどの距離（福岡市の東郊）にある、莚田（福岡市博多区）・粕屋（糟屋郡粕屋町）・院内（古賀市）などの村人（「郷人」）が残らず避難した。

一方、この城から遠く離れた大宰府への山境に近い、宇美村（糟屋郡宇美町）の矢野・高武原などの村々は、立花城には籠らず、村の裏山にある極楽寺・障子嶽山奥に引き籠って、秋月方に味方した、という。

その極楽寺を訪ねてみると、かつての極楽寺の跡には、いまは観音堂だけがあり、その裏は奥深い山地が大宰府の方へ続いていた。その一帯が、ひそかに「村の城」が設けられていた障子嶽にちがいない。

この二つのタイプの避難行動とよく似た例が、相模（神奈川県）の小田原城をめぐる、後世の軍記にもみられて、よい参考になる。

籠城の用意をせよとて、近郷の士・民等まで、ことごとく（小田原）城に入り、あるいは（村近くの）山入りして、在々所々残らず引き払い……[26]

永禄四年（一五六一）に越後の上杉謙信の軍が、初めて小田原城攻めを目指して、関東に侵攻を始めたときのことであった。それを知った、小田原城の近郷に住む侍や村人たちは、みな大名の城に「城入り」し、城から離れた村の人々は、それぞれ村近くに「山入り」し、みな村々を引き払って避難した、という。

これらの伝えから、筑前でも相模でも、戦場の村人たちは、領域の城が近ければ「城入り」し、大名の城が遠ければ、自前の村の山城に「山入り」して、戦火を避けようとしたという、共通の避難行動ぶりがみえてくる。

このうちの「山入り」というのは、先の①～④でみた「村の城」に籠るのと同じ村の自前の避難行動で、それとは別に、領域の城に「城入り」するという、これまた意外な村人の避難行動があったことに、私は新鮮な驚きを感じている。

戦う村人たちの原像

したたかな百姓たち

右のような、ときには「村の城」に籠り、ときには村を通る落人を武装して襲うという、戦国の村人たちの力強い行動は、いったい、どのようにして可能になっていたのであろうか。

できるだけ戦国の筑前に焦点をしぼって、先学に学びながら、「戦う村人たちの原像」を、村の日常生活の中に追跡してみたい。

まずは、永正十五年（一五一八）のことである。満盛院領の早良郡戸栗《へぐり》村や重富《しげとめ》村（福岡県福岡市）で、こんな問題が起きていた[27]。原文はかなり長い箇条書きなので、①〜⑤の番号をつけて、まず読み下し、これらの村々でいったい何が起きていたか、を探ってみよう。

①一、同百姓等（早良郡戸栗・重富郷）、年貢・諸済物《なしもの》、未進《みしん》の仁《じん》においては、則ち名頭《みようとう》をあらたむべきの事、

②一、重富村に限り、百姓として、年貢計《はか》り納むべきの由、非法《ひほう》を申すの事、

③一、同村定夫《じようふ》（人夫）一人、百姓として抑留の事、

④一、百姓により、年貢・屋敷銭等、所存の儘《まま》、納むべきの由、申し企《くわだ》つる無理の仁候、自今《じこん》以後においては、百姓たるべからざる事、

⑤一、百姓として、田畠等、私《わたくし》の儀をもって、他人に契約すべからざる事、

初めの①では、今は福岡市内になっている、戸栗村・重富村について、「もし、これら二つの村で、年貢や様々な納め物を滞納する者（「未進の仁」）がいたら、ただちに名頭をクビにする」という。

これをみると、村人たちが領主への納め物を滞納（未進）する動きが止まず、領主を困らせていたことがよくわかる。村には「名頭」と呼ばれる、江戸時代の庄屋のような人物がいて、村人が納め物を滞納すれば、それは彼の責任だからクビにする、という。

十六世紀初めの、この二つの村は、領主に年貢を納めるなど、領主に対する村の務めは、この「名頭」を中心として、ふつう「地下請《じげうけ》」とよばれる、まとまった村の自治に委ねられていたらしい。どうやら領主は、その村々の自治の強さに手を焼いていたのであった。

次に②の重富村では、年貢米を納めるとき、その計量は、領主側の役人にやらせず、百姓たち自身に任せろ、と領主に要求し、領主は「そんな非法は認められない」と、あわてて拒否している。この村では「年貢は納めてやるが、それを計るのは、おれたち百姓にやらせろ」と、村人に有利な要求を領主につきつけていた。計り方によって、年貢の量に損得が出て、これまでは領主だけが得をしていたからであろう。

次の③では、「定夫」という決まった領主への人夫役の一人分を、百姓たちが滞納（「抑留」）し

ている、という。年貢や他の納め物ばかりか、人夫役まで滞納するほど、この二つの村は地力をつけてきていて、領主を困らせていた様子がよくわかる。

次の④では、それればかりか、村人たちの中には、年貢や屋敷銭などの課役は、自分の思うままに納める（「所存の儘、納むべき」）と主張する、ひどい百姓（「無理の仁」）がいる。これに驚いた領主は、そんな奴は今後は百姓として認めない（「百姓たるべからざる事」）、といっていた。驚くほどの村人の強硬ぶりが目を引く。

最後の⑤は、百姓が領主から請け負っている田畠の耕作を、勝手に（「私の儀をもって」）他人と契約してはならぬ、という。自分で請け負った耕作を、勝手に他人におしつけてしまう、領主を無視した村人たちの勝手な「私の儀」は、止まるところを知らないほどであった。

こうした①〜⑤にわたる、百姓たちのじつに自由な振る舞いは、領主を圧倒して、手を焼かせていた様子である。一見すると、「名頭も百姓もクビにするぞ」と、領主の口調はとても強硬にみえるものの、じつはそれよりも、むしろ「所存の儘」とか「私の儀」などといって、領主のいうことを聞かず、自分たちの思うままに行動し、領主から村の自立をかちとろうとする、したたかな百姓たちの動きの方に注目すべきであろう。

さらにその二年後の春、同じ戸栗村・重留（富）村では、次のような事態が起きていた。(28)

一、当社領戸栗・重留の事、百姓等無力により、これ以前の負物等の儀、今においては、悉皆《しっかい》、御停止にあずかるべきの由、去春、御侘言《おんわびごと》いたし候か、……則ち此の上は、以前、百姓等として、契約の儀、入るべからず候の条……、

両村の百姓たちが、自分たちは貧窮（「百姓等無力」）してしまったので、これまでの領主への滞納分（「負物」）は、すべて帳消し（「悉皆御停止」）にしてほしいと要求（「御侘言」）してきた。こんなありさまでは、領主はこれまでの百姓たちと、耕作の契約は維持できない、という。「百姓等無力により」と訴えてはいるものの、むしろ、百姓たちの強気の要求の方にこそ注目してみるべきであろう。

戦国の村にいた庄屋

なお、先の①に、「名頭」という村の代表がみえていたが、天文四年（一五三五）、筑後国にある太宰府天満宮領の安忠名の「地検帳」には、部分だけ抜き書きすると、「塩たりの村庄屋／……庄屋／同作／……庄屋給」というような、庄屋の記事が出ていて驚かされる(29)。

ふつう「庄屋」といえば、近世に作り出された村の仕組みだというのが、長いこと近世史の通説だったからである。いまは福岡県久留米市田主丸町辺に当たり、戦国筑後のこの地の塩たり村（同上）には、十六世紀の前半にはすでに「庄屋」がいて、その庄屋は自分で「作」もし、また村の代表として「庄屋給」ももらっていたことがわかる。戦国九州の村にも、戦国も早くから、村を代表

する庄屋がいたのであった。

あとで詳しく紹介するが、じつは筑前には「西山庄屋」という西山村（福岡市早良・西区）の庄屋が、もっと早く、すでに延徳二年（一四九〇）、つまり十五世紀末に「五ケ村地下中」の成員として、その姿を見せていた[30]。こうした意外な史実の裏に、庄屋に代表される、自立した村の存在や、村々の結集があったことが予感されて、私は胸をおどらせている。

ほぼ一世紀ほど後に、九州が秀吉に制圧された後の慶長三年（一五九八）になっても、石田三成は博多の嶋井宗室に宛てて、

両筑の此方の代官と百姓、自然、出入《でいり》（もめごと）これあるにおいては、そこもと聞き合わされ候て、諸事相い済まさるべく候[31]、

と指示していた。筑前・筑後の百姓たちは、秀吉方の代官を相手にして「出入」を起こすほど、自立した力を保っていたことがうかがわれる。

西山の「五ケ村地下中」

ところで、先にみた、すでに十五世紀末には「西山庄屋」のいた、西山「五ケ村地下中」の動きに、あらためて注目してみよう。これは吉良国光氏の研究による[32]。

新原・西山・曾賀部・警固・榊という五つの村（福岡市早良区四箇・西山）は、博多聖福寺や入部庄の領主に「山の口」とか「山公事《やまくじ》」という、山の利用権料を払って、龍山と西山という二つの山の利用権を、自分たちだけで独占し、そのため「五ケ村地下中」として連合し、「西山五ケ村」とよばれていた、結束の強い組織であったらしい[33]。

その一つひとつの村が「惣村」で、「五ケ村地下中」がまとまって「惣郷」という、いわば惣村と惣郷という、二重の組織をもっていて、全体で「五ケ村名主・百姓中」とも呼ばれていた[34]。また、それぞれの惣村は、「西山庄屋」というように、庄屋が中心となっていた。

領主の聖福寺に払う「山の口」（入山料）の代わりに、村の「小百姓」たちは、年に三度の人足を寺に勤め、村の「侍分の人」は二度の「狩河」のときに出る、という定めになっていた[35]。それぞれの村の中も、小百姓と侍分に分かれていた。これが「名主・百姓中」に当たるのであろう。村の中でも、戦いから村を守るのが侍分の務め、田畠を耕すのは小百姓たちの務め、という分業になっていたのだと思われる。

この「惣郷」組織は、「龍山のこと、五ケ村より外、切るべからず」といって[36]、二つの山によその村が立ち入ることを、五カ村が共同で排除していた。もしその権利が侵されそうになると、「五ケ村の名主衆指し寄る」とか、「四ケ村同心申状」を突きつけるとか、「四ケ村の内に道をほり切る」（山道を断って阻止する）とか、「姪浜・山門の人馬、済々まかり上り候を、此方より追い帰す」というように、村々が固く「同心」して武装し、よその村の介入を、断固として共同の村の実

力で追い返していたのであった。(37)

ただ、五つの村は「同心」を強調する一方で、時には、西山村の庄屋がこっそり「山の口」の権利（入山権）を横流しして、ほかの四つの村と対立する、というような内輪もめもおきていた。(38)つねに連帯と対立をはらんで、緊張しつつ活動する組織、というのが「惣郷」の実情であったらしい。

しかし、「五ケ村地下中」のまとまりは強く、姪浜など近くのよその村に「山札《やまふだ》」（入山の権利証）を売って、山に引き入れようとした、領主の代官（下司《げし》）とも激しく対立し、領主に強く「愁訴《しゅうそ》」（訴訟）して、代官を交替（「改替」）させてしまう、(39)というような力量をみせていた。(40)

ここに記された「四ケ村の内に道をほり切る」というような、敵方の村々を絶対に阻止しようという、「四ケ村」の村々の結束した力強い行動をみると、おそらく、こうした村々の実力があればこそ、先の「村の城」（158頁）の②でもみたように、幅が七、八間《けん》もある大きな堀で村を囲んだ、「村の城」による抵抗も可能になったのだと、深く納得させられる。

筑前の惣郷・惣村

また吉良国光氏は、同じ筑前の早良郡横山郷の地域にも、「六十三丁御老中《おとなちゅう》」とか「寄合中」とも呼ばれる、「惣郷」の下に、曲淵・石釜・下ノ畑・広瀬・中山・内野・脇山・小笠木・深渡など、村ごとの「百姓衆」による「惣村」が形成されていた、と注目されている。(41)

この惣郷の人々も、土地の争い（「論地」）が起きると、「山上御役人様へ御侘言《わびごと》」をしようとか、村の「御老中」を頼んで「愁訴」しよう、などと相談していた[42]。

この地域にも、永禄二年（一五五九）には、「庄屋」が村の納税に姿をみせていて、郡中の納銭をめぐって、脇山郷は「御百姓中迷惑」（百姓は反対する）と「愁訴」していた[43]。

また、木村忠夫氏の研究によれば、生松原十二所権現を信仰の中心とする、山門庄の十六丁の百姓たちも、やはり「同心」（結束）して、大友氏の圧政に抵抗し、九カ条もの抗議文（「十六丁御百姓同心申状」①〜⑨）をつきつけていた[44]。

その「（百姓）同心申状案」の一端をみよう。

①戦場で働く「陣夫」を出せという、前々からの大名の要求に反対して、「御百姓中迷惑」と「愁訴」を行い、ついに危険な戦場の人夫の代わりに、銭（夫料《ふりょう》）で納めることを認めさせていた。

また、④豊後へ出す人夫をかけられた時も、一人分だけにしてほしいと要求（「侘言」）し、ついには銀七十文目で代納することを認めさせて、人夫を出すのを免れていた。

また、⑤年貢を納めるのに、「庄屋」が前から預かっている桝を米の計量に使おうとしたのを、大友方から阻止されると、「迷惑に極まる」と激しく抗議したりと、先の西山五カ村にも劣らない、結束と抵抗をみせていた。

木村忠夫氏は、これを村人たちの「惣的な結合」を示すものとみて、とくに重視されている。九州の各地に広がっていたらしい、このような「惣村」「惣郷」などの結びつきの力こそが、戦時には、あの「村の城」を生み出す原動力になったのだ、とあらためて私は思い当たる。

こうして九州の各地にも、それだけの力量をもった、畿内などにも劣らない、惣村や惣郷が広く形成されていたという、まことに興味深い事実が、早くから指摘されていることに、あらためて鋭く注目すべきであろう。そして、こうした生き生きした戦国の村の実像を描き出すことに、若い研究者の方々の魅力ある追究を期待したい。

3　領域の城に籠る

「城入り」の実情

さて、戦場の村人たちの避難行動には、「山入り」といわれる「村の城」への避難と、「城入り」といわれる「領域の城」への避難があった、と先に述べた。最後に、ここでは、この「城入り」の実情について紹介しよう。

立花城が近くの村々の避難所になっていたことは、すでにみたが、同じ城で、少し興味をひかれる例がある。それは天正六年（一五七八）の末のことであった。

座主《ざす》（筥崎《はこざき》）・家来、（立花山城の）小屋場・楯尾・弓場尾・水の手下リ、御渡し成され候、小やせまき故、小身《しょうしん》なる者共《ものども》ハ、秋山口ニ新町ヲ立て、居り申し候(45)。

戦火が迫ると、町場にある筥崎宮の座主は、大勢の家来たちとともに、立花城に避難したが、城内の小屋が狭くて、とても収容しきれないというので、筥崎宮に仕える「小身なる者共」、つまり身分の低い人々は、秋山口に新町を立てて、そこに避難した、という。

その秋山口を探して、立花城の山麓を歩いてみると、高くそびえる巨大な城の曲輪の麓の山間《やまあい》に、山裾の小さな曲輪に囲まれるようにして、細長い「秋山谷」が延びているのに気づく。

秋山口の町屋というのは、その細長い谷の口の一帯のことで、そこに、まるで町屋が密集するように小屋掛けして、身分の低い人々が避難暮らしを始めたらしい、という様子が読み取れる。「小身なる者共」だからといっても、なにも防備の施設のない、城外に放り出されてしまったわけではなかった(46)。

次は天正十四年(一五八六)七月のことである(47)。「筑紫表御働《ちくしおもておはたらき》」(筑紫作戦)といって、島津軍が筑紫広門の籠る肥前の勝尾城《かつのお》(佐賀県鳥栖市、国指定史跡)へ、ひそかに攻め寄せると、勝尾城下の村人たちは、こぞって城上がりして城内に避難して閉じ籠った(「里村ことごとく繰り上がり、居城へ閉じ籠る」)という。ここ勝尾城でも、その周りの「里村」の人々のいっせい避難が、当然のこととして、受け入れられていたことが知られる。

しかし、その三日後、「筑紫麓の下栫《したかこい》」は残らず島津軍に打ち破られ、「上城」も間もなく落ちるだろう、という形勢になっていた。「筑紫麓の下栫」というのは、いま現地を訪ねると、惣構《そうがまえ》の幅広い堀や高い土塁に幾重にも囲まれて、麓の町場や武家屋敷や領主の館などが、まるで階段状に谷の奥まで密集している一帯のことで、「上城」というのは、そこから急峻で長い崖道をさかのぼった、山頂の本城のことらしい。この山頂の山城の、やや狭い曲輪の現状からみると、里村の人々が避難した「居城」というのは、麓の惣構の内側の一帯だったように思われる。

ところで、この勝尾城が間もなく落城すると、この事実を詳しく伝えた島津軍の家老は、その日記に、(48)「濫妨《らんぼう》人など、女・童など数十人引きつれ、かえり候」という、路傍の光景を書き留めていたことは、先にみた（152頁）。濫妨人（人さらい）たちにさらわれて、薩摩へ連行されていた人々というのは、その日付からみて、この落城した勝尾城に避難した、里村の女性や子どもたちではなかっただろうかと、私は略奪された筑紫城下の人々の運命に、ふと想いをはせてみる。

なお、こうした戦場の人さらいや略奪を防ぐために、こんな対策もとられていた。天正九年（一五八一）春のことである。(49)

那珂郡の内麦野村、御捕誘《おんとりでこしらえ》成され候、その子細は、広門《ひろかど》（筑紫）衆、那珂ノ郡へ節々乱妨《らんぼう》ニ出申し候あいだ、そのおさへとして、人数（立花勢）ヲ籠《こ》め置かるべきため也、

ある春、那珂郡の麦野村に、立花軍は一つの砦《とりで》をつくって、兵士に守らせた。それは、筑紫広門

の軍兵が、いつもこの郡の一帯を荒らし廻って、乱妨つまり略奪を働くので、それを防ぐためであった、という。乱妨（略奪）よけの村の砦もつくられていたのであった。

神社に籠る

なお、戦場の村人の避難所は、領域の城や村の城だけではなかった。

天正六年（一五七八）冬に、秋月種実・筑紫広門の連合軍が、岩屋城をきびしく攻め、太宰府天満宮まで撤退してきたときのことである[50]。

> 天満宮の社人等、敵の来るをおそれ、さけて、御社に多く取入《とりいり》、居たるに、近辺の村民、其の縁をしたひ、こゝにつとひ（集）、社内せ（狭）はきほどにぞみへける、

太宰府天満宮の社人たちは、戦禍を避けて社内に閉じ籠っていたところ、「近辺の村民」たちまでが縁を頼って避難してきたので、社内は人々でいっぱいになった、という。太宰府天満宮といえば、さすが荒くれの軍兵たちも、畏れて手を出せなかったらしい様子が、はっきりと見えてくる。

おわりに

以上で、「戦国九州の村と城」を終わる。「内戦」といってもおかしくない、戦国合戦の悲惨な戦場の人さらいの実情と、そこでも、したたかに生きぬいていた村人たちの姿を、少しは具体的にお伝えできたであろうか。

六　内戦のなかの村と町と城

はじめに——戦国の下総本佐倉城の地位に寄せて

この章の焦点となる、下総本佐倉城《しもうさもとさくら》（千葉県印旛郡酒々井町《しすい》）と城下の市・町が、戦国期の千葉氏の拠点城郭として成立したのは、十五世紀も末に近い、文明から延徳年中の頃（一四七〇～九〇年）と伝えられる。(1)

この伝えを、本佐倉城跡の発掘成果によって検証すると、(2)城の主郭部分からの出土遺物もまた、多くは破片にとどまるものの、その古いものは、たしかに十五世紀後半にさかのぼるという。十五世紀末ころの築城という文献上の所伝は、出土遺物の上限とも、ほぼ整合する傾向を示すことから、まずは妥当なものとみてよいであろう。

この時期の城の成立の意義をどうみるべきか。いま注目したいのは、戦国の房総（千葉県）の城と集落の廃絶と再生をめぐる、最近の考古学領域の研究成果である。(3)

房総の中世集落の多くが、十五世紀の中ごろ（享徳の乱が画期か）には廃絶し、代わって戦乱の激化に備えるかのような、塊状の集村が台地上に現れだし、避難小屋から城郭に発展する場合さえもあったことが、鋭角的な研究集成によって、いっそう確実視されるようになっているからである。

なお、アフリカの民族内戦を主題とする先端的な人類学のフィールドの成果にも、別の示唆がある。[4]「彼ら（森の民マジャン）の集落の移動性の高さは、……外敵の攻撃からの防禦という意味合いがつよい。一〇〇年ほど前から現在までに森に開拓され、放棄されてきた集落の動態を調べると、実に集落が捨てられる原因の半分以上は、そうした戦いや人の死などの事件によるものだった。……人びとはこうした場所を直ちに放棄して、親族や友人の暮らす他村に移住する。放棄された村は廃墟となり、数十年をへて森にかえってゆく」というのである。「自然の要塞としての森」という、魅力ある視点については、後段であらためて述べよう。

こうした、考古学や人類学からの、問題提起をうけとめて、集落が戦場となるという厳しい内戦状況のなかに、十五世紀末の成立とされる、下総本佐倉城を置いてみる。

とすれば、この城は、激しい内戦の中に、深刻な危機への対応としての城、村々や町場の緊急避難所としての城、という性格と役割を内在させて成立していた、とみなければならないことになろう。この章を「内戦のなかの村と町と城」と題したのは、このような関心からである。

ただ「内戦」といっても、確かな文書史料で知られる限り、戦国期を通じて、上杉・里見・北条などの侵攻をうけ、じかに激しい戦火の巷となったのは、主として、本佐倉城にほど近く、千葉氏の重臣であった原氏の拠る、下総臼井《うすい》城（佐倉市）であった模様である。

いくつもの文書史料の語る、臼井城の戦火の中の緊迫ぶりは、「臼井筋の郷村放火」とか、「臼井の地、実城《みじよう》堀一重に致し、諸軍取り詰め」とか、「臼井自落」などと、あいついで報じられていた(5)。こうした戦場の渦中となった臼井城の緊迫ぶりは、激しい戦火がごく近くの本佐倉城にも厳しく迫って、大きな脅威と緊張を及ぼしていたことを示唆していることになる。

のち小田原北条氏の直接の支配下に入った本佐倉城では、こうした緊迫に備えて、天正初年（一五七三）以来、再普請（城の強化拡大）が続けられたらしく、同十二〜十三年末ごろ（一五八四〜八五、推定）には、「佐倉御普請の儀、こと〴〵く出来」と、北条氏直によって、再普請の完成が告げられていた(6)。

この再普請終了の年次を、小笠原長和氏は天正十一〜十二年ごろに(7)、山口博氏は同十三年に(8)、それぞれ比定していた。これによれば、普請の完了は少なくとも豊臣の「関東惣無事令」の発令（天正十四年）以前、ということになる(9)。

つまり、北条氏による本佐倉城の再普請は、天正十四〜十六年に顕著になる、「惣無事令」への対応とみられる、広い北条分国での多くの城普請の集中の動向に先行して、いわば両総支配の中核づくりという、独自の構想をもって、実施されていたことになる。

また同十六年（推定）には、北条氏政が「諸法度は作倉《さくら》へ遣し」とか、「食物（兵粮）は作倉にて役人にわたすべく」と指示し(10)、さらにその五男直重に千葉邦胤《くにたね》の名跡を嗣がせて、本佐倉城主とするなど[11]、おそらく豊臣軍の来襲を予期しつつ、本佐倉城を下総支配の中枢とする構想を、積極的に推し進めていく。それは、外山信司氏が早くに「本佐倉城が天正末期には下総における後北条氏の領域支配の拠点としての色彩を急速に強めていく」と指摘した通りであった[12]。

北条氏当主の指揮の下に行われた本佐倉城の再普請の重点は、「城山」「奥山」を中枢として、合わせて七つの曲輪《くるわ》をもつ、本佐倉城の主郭群ではなく、新たに「荒上《あらうえ》」「向根古谷《むかいねごや》」などと呼ばれる、二つの巨大な外曲輪の造成という主郭周辺への城域の大がかりな拡大や、さらには、城から離れた台地上の町場の外郭にも及ぶ、惣構《そうがまえ》の新設などにあった、とみられている[13]。それは、関東全域への内戦の緊迫を体現する、北条氏自身による本佐倉城の下総中枢化の構想のなかで、推し進められた可能性が大きい[14]。

千葉氏方の諸軍の手に余るほどの規模をもつ、広大な曲輪がどのような意図をもって増設されたのか、惣構はどのような目的で新設されたのか。それは、内戦のなかの城を村や町の側から見つめたい、と念願する、この章の焦点となる。

1　房総戦場の惨禍

日蓮宗僧の証言

まず、内戦というべき戦国房総の戦場で何が起きていたのかを、たしかめてみる。下総妙本寺に伝わる日蓮宗日我《にちが》の「置文《おきぶみ》（子孫に残す書き置き）抄」は、すでに天文十六年（一五四七）に「乱入・飢饉の日は、大破に及び、沙汰の限りにあらざる歟《か》」と書いて、この地の内戦の中の戦禍と飢餓の厳しさを、後世に訴えていた⑮。

天正三年（一五七五）八月、秋の稲の実りのさなかに、北条氏政の軍は、上総の土気《とけ》・東金《とうがね》（山《さん》武《む》市）に侵攻して、「両地の郷村、毎日、こと〴〵く打ち散らし」「敵の兵粮を苅り取」る、稲薙《な》ぎ作戦を戦場の村々でくり広げていた⑯。また、ある春の終わりには「麦秋の調儀」といって、上総の戦場の村々で、麦秋をねらって麦薙ぎ作戦をとっていた⑰。

それは房総の戦場だけの作戦ではなかった。先に本書の四章「戦場の村の記憶」でも詳しく述べた通りである。また、たとえば、備後（広島県）の小早川隆景の戦術書とされる『永禄伝記』は、「夏は麦作を刈り……秋は畠作を取り、刈り田をし……冬は倉廩《そうりん》を破り……」と、村々の田畠の収穫の果実ばかり狙う、作荒らし戦法の重要さを説いていた。この中国地方の作薙《さくな》ぎの戦禍については、山本浩樹氏に詳しい研究がある⑱。

戦場となった村々の苅田の被害は深刻であり、襲われた村人たちは、しばしば飢餓に追い込まれていた。十五世紀末の明応三年（一四九四）の秋、北条早雲に攻め込まれた遠江（静岡県）の戦場の悲惨を、ある禅僧は「当州に乱来る。……飢えた人々は路傍に満ち、餓死する者も数え切れないほど」と嘆いていた[19]。
また「乱入ゆえ不作について、進退……逼迫《ひっぱく》」[20]ともいわれていた。先にみた「乱入・飢饉の日」という、日蓮宗僧の日我の記録も、戦場の真実を語ったことばとして、見逃しにすべきではあるまい。

平和領域でも横行する略奪

永禄～元亀（一五六〇年代）のころ、千葉胤富《たねとみ》は重臣の原氏に、上総の作戦で「横根・三川・野中（千葉県旭市）の百姓の足弱《あしよわ》とらせ申」せとか、「太田（旭市）箕庵などに、足弱など、とり候由、とらせ申さるべく」などと指示していた。足弱というのは、老人・女性・子どものことで、「とる」「とらせ」は、戦争奴隷の「人さらい」を意味していた。千葉氏の戦場でも、戦争弱者の略奪は公然と行われていた[21]。

また茂原の妙光寺は、天正三年（一五七五）に、侵攻してきた北条氏から戦場での安全保障を得た。ところが、寺が平和領域になったからといって、「敵領の男女、そのほか雑物（家財）にいたる迄」を、庇《かば》ってやると誘って、寺内へ取り込めて捕まえてしまう（「加倍《かばい》と号して、寺内へ取り籠め、相拘《かか》えらる」）ことはまかりならぬ、と釘を刺されていた[22]。

悲惨な略奪は、戦場の一帯に、村々のレベルにまで広がっていた。敵の軍隊ばかりでなく、戦場の村の寺までもが、保障された平和領域に避難してくる敵領の男女やその雑物など、人身から家財まで略奪することさえも、予想されていたことになる。
敵地に出した大名の禁制に、このような特異な但し書きがあるのを、私はほかに知らない。さらに安房の里見義康の禁制が「人勾引《ひとかどい》」を禁止していたのも、こうした戦場での人さらいの横行と無関係ではなかった(23)。

後世の軍記の記憶

なお、こうした戦場でくり広げられた人さらいや家財を略奪する光景が、房総の後世の軍記に、あらわに伝えられるのも、無視することはできない。たとえば、「土気《とけ》古城再興伝来記(24)」には、戦場で略奪ばかりに励む雑兵《ぞうひょう》たちの姿が、こう描かれている。

①太郎左衛門は、此の度の合戦に、十人余りの武具・衣裳を剝ぎ取り、過分の有徳《うとく》に罷り成り候、
②武具を剝ぎ取るは……自身の所得なり、

この場合は、戦場で討たれた敵方の兵士を身ぐるみ剝ぐという話であるが、戦場の略奪は「過分の有徳」とか「自身の所得」とされて、雑兵たちの大切な戦場の稼ぎ（徳・所得）であったことを、後の平和な時代に書かれた軍記が、あからさまに語っているのが印象的である。戦場は大きな稼ぎ

場でもあった、というのである。

また、たとえば、安房（千葉県南部）と相模（神奈川県）の戦争さなかのこととして、

> 夜になれば、ある時は小船一、二艘にて盗みに来て、浜辺の里をさわがし、ある時は五十艘、三十艘渡海し、浦里を放火し、女・わらべを生捕り、即刻、夜中に帰海す（「北条五代記」[25]）、

と、里見方の大小の海賊船によって、相模海浜の村々で、夜ごとに人さらい作戦がくり返されていた。その様子をありのままに伝えている。

また、これとは逆に「里見代々記」[26]の元亀三年（一五七二）の記事は、北条方の海賊船の襲撃を記して、次のようにいう。

> 海上に軍船《（北条水軍）》か、又は乱暴取りの船など来らば、合図の太鼓を打つて、百姓・町人・海人等に限らず、財宝・妻子を山野に隠し置き、近辺出合ひ、追散らし、打殺せと、仰《（里見義弘）》せ付けらる。

安房の海上から、敵の軍船や「乱暴取りの船」が襲ってきたら、太鼓を合図に、百姓・町人・海人をはじめとして、みなが家財や妻子を「山野に隠し置」いた上で、近隣の者が共同で敵に立ち向かって、やっつけよ、と里見氏の指令が出ていた、という。

「財宝・妻子を山野に隠し置き」というのは、村の近くの山間に、村の城ともいうべき避難所が、あらかじめ用意されていた、という事実を示唆している。

また、「里見九代記(27)」も、これとよく似た内容の記事をもつ。

小田原方より、船にて狼藉《ろうぜき》に来る事を、早速に防ぎ除《よ》け、百姓・浦人・町人、難儀これなき様に……洲の崎に番所を据《す》え、軍船か、乱暴取りの船か、来る時は、早速、合図の太鼓を打ち続け、北には瀧山・明金、所々の番所より、合図の太鼓を打つなり、其の時、妻子をば山入り〳〵へ急に隠し、防ぎ勢《ぜい》駈け付くれば、百姓・町人・浦人も、時の大将の下知《げち》次第に、彼の狼藉を討つなり、

これらにいう「乱暴取りの船」「乱暴取り」というのは、戦国の世でも「乱妨取り」とか「乱取」などと、同じように呼ばれていた。たとえば、豊臣秀吉は「乱妨取りの男女」を元の国に返せ(28)とか、「男女を乱取りすべからず(29)」などと指令していた、という。「乱暴取りの船」の実情については、本書の四章「戦場の村の記憶」に、大友軍の船の例をあげて、詳しく述べた。ここでも、応戦の主体は「百姓・町人・浦人」たちであったことに注意しよう。

戦国の「乱妨取り」とか「乱取」という語は、財物の略奪のほか、しばしば戦場の人さらいを意味していた。また「妻子をば山入り〳〵へ急に隠し」というのも、先にみた里見氏の指令と同様の、

略奪戦の対策として、村々の山間《やまあい》には、村の避難所としての「村の城」が、備えられていたことを示唆している。

こうして、後世の房総の軍記類の記憶の中にまで、戦国の内戦の戦場でくり返されていた、人さらいや物の略奪と、「百姓・町人・浦人」たち自身を主とした、その対策ぶりが鮮明に刻み込まれていた。

2 村の城・領域の城

村の城

財宝・妻子を山野に隠す

こうした軍記類の描き伝える内戦の戦場への鮮烈な記憶をもとに、改めて注目してみたいのは、戦時の人さらいや家財の略奪の惨禍に直面して、戦場の村や町の人々がその安全保障にどう対処していたかである。

その様子を具体的に伝えて示唆的なのは、右にみた「里見代々記」にいう、①「百姓・町人・海人等に限らず、財宝・妻子を山野に隠し」(「里見九代記」では「妻子をば山入り〳〵へ急に隠し」)た上で、②「近辺出合ひ、追散らし」た、という記事の意味するところである。

まず①は、絶え間ない敵方の軍船や「乱暴取りの船」の襲来に備えて、百姓たちの村でも、町人たちの町でも、海人たちの海村でも、身近な山野に避難所を設けて、その都度「山入り」していたことを示唆している。

さらに②は、ただ避難するばかりではなく、村や町や海辺の人々が、「近辺出合」う、いわば地域共同の防衛という、積極的な態勢をもとっていた、という様をしのばせて、心ひかれる。

軍記類の記述は、こうした海沿いの村々の行動を、すべて里見氏の指令によるものとしているが、そうではあるまい。絶えず敵方の「乱暴取り」にさらされた、海寄りの村や町の人々が「財宝・妻子を山野に隠し」(「妻子をば山入り〳〵に隠し」)というのは、彼ら共同の「乱暴取り」対策を支える、数多くの「村の城」が、村々の山野や山入りに存在した、という記憶を背景としていた、とみられるからである。

アフリカの部族間の内戦では「森は生活のためのあらゆる資源を供給してくれる恵みの場であると同時に、略奪の恐怖から身を守るための天然の要塞なのである」といい、さらに「生活の場が略奪や攻撃の危険にさらされると、いとも簡単に集落や家屋を捨てて森の奥深くへと姿を消す。彼らの所有する家財は、ニワトリやイヌなどの小家畜や、土器、ナイフなど、ごくわずかである」という研究成果があり、じつに示唆的である(30)。

村の城を造る

村人の主体的な行動や営みは、房総の村々の動向にも鮮明である。永禄~元亀(一五六〇年代)のころ、上総の海村では「郷中《ごうちゅう》開け《あ》候と号し、門・道など掘り切り……踞《うずくま》り」という、郷中、つまり敵の侵入を防ぐため村中に門や道などを通れないように堀をつくって閉じ籠り対抗する、という激しい村の動きが報じられていた(31)。

この上総の海村の動きは突出している。しかしほかの村々でも、大名から割り当てられた陣番や普請を手抜き(「退屈」)する百姓や中間《ちゅうげん》がいて、里見氏の禁制の対象になっていたし(32)、本佐倉城域の大佐倉でも、円蔵院の年貢を滞納する村が、千葉胤富から「百姓等、年々難渋を致す」と警告されていた(33)。したたかに内戦の世を生き抜く村人たちのイメージは、房総の村々でも濃厚であった。

「村を掘り切って閉じ籠る」といえば、同じころ、筑前(福岡県)の村々で「四ケ村の内に道をほり切る」という行動をみせていた例を、先に本書の五章「戦国九州の村と城」で詳しくみた。

また、近江(滋賀県)の村々で「諸口を切り塞ぎ、出合はざる在々所々(34)」が問題になっていたのとも、よく似た事態であり、あたかも「村の城」の造成の土木事業への連想をも誘って、ことに興味をひかれる。

こうした村の身構えについても、示唆的なのは、人類学によるアフリカ民族紛争のフィールドワークの成果である(35)。「村びとたちは、カラの来襲に備えるため、村の周囲にアカシアの枝で、高さ四メートルにもなる、厳重なフェンスを築いた。川辺林に散居している家をもっていた人たちも、ほぼ全員が、開けた平原にあるひとつの村に集結した。そのほうが安全だからだ」という。

他地域の小屋入りの例

なお、これは近畿戦国の例になるが、明応九年（一五〇〇）に和泉日根庄（大阪府泉佐野市）の日根野村が、守護方の足軽の発向によって、「牛馬ことぐ〳〵」と「御百姓共数十人」が略奪される被害に直面したとき、隣の入山田村《いりやまだ》ともども「御百姓等ことごとく在所を散在仕り、山へ取り上がる」山上がりの避難行動をとっていた(36)。

また、その翌年の段銭《たんせん》（田畠の課税）散用《さんよう》（支払い）に当たって、村では「地下（村が）小屋入りして、段銭賦課は迷惑だといって、定められた上納分から「三貫文」の「扶持《ふち》」（村の取り分）を、村が勝手に差し引いて納めていた(37)。右の「山へ取り上が」るのは、この「小屋入」りと同じことで山小屋に籠ることをいう。つまり山はただの原山野ではなく、あらかじめ村の避難小屋や村の城が営まれていたことを示唆する。類似の事例は、いまは数多く知られるようになっている(38)。

たとえば武田信玄は、元亀三年（一五七二）に「地下人（村人）には……逆心を企つべからざるの旨、相定められ、しかして山小屋へ入れ、あるいは、敵退散のみぎりか、あるいは、通路をさいぎるべき時節に、召し出し、かせぎを申し付けらるべき事」と定めていた。敵軍が迫るとき、村人が自前の「山小屋」つまり「村の城」へ、独自に籠る行動をみせることに、強い警戒感を露にしているのが、貴重な参考となる。[39]

天正六年（一五七八）、越後の村では「御館《おたて》の乱」の内戦が激しくなると、「近辺の地下、早々、小屋上がり」を、と指示されていた。[40]また、園城寺《おんじょうじ》は領内の藤尾庄の住民が「山」を「要害としてはやすべき」ことを望んだのを認めていた。[41]庄内の山に要害を設けるのは、庄民たちの強い願いであった。

このようにみると、房総の海沿いの山手に数多くのこる城跡の中にも、上総の海村の「門・道など掘り切り……踞り」という、上総の村の独自の動きを裏書きするような、「村の城」の検証が積極的に構想され、調査追究されていくのが期待される。

領域の城

壮大な外郭の役割は？

次には、本佐倉城のもつような壮大な外郭の曲輪群の役割を、どうみるのかも、興味深い課題である。

かつて戦国両総の大きな城の特徴を論じた伊禮《いれい》正雄氏は、両総には城主の勢力とは不釣り合いな広い城館址がよくみられ、「城館主はかなり途方に暮れたのではないか」とみていた。同氏はこうした広い外郭について、城郭というよりも、むしろ初めから、馬の放牧地として設けられていたのではないか、と推定していたほどであった(42)。

このように、城郭史の先達も途方に暮れるほど、両総の城の外郭には、広大なものが多かった。伊禮氏が馬の放牧地とみた、これら広大な城の外郭群は、じつは、あらかじめ用意された、民衆たちの避難所であったのではないか。それが、数々の傍証から帰納した、私の見通しである。

先にみた、房総戦場の作荒らしや人さらいなど、戦場の中の人々がさらされた戦禍の苛酷さに、じっくりと目をむけ、また他の地域でも、多くの拠点城郭が戦時に果たした、住民庇護の史実をあわせ考えれば、天正年中に、本佐倉城に新たに付加された、二つの巨大な曲輪群についても、領域の数多くの住民たちの避難所として期待されていた、という視点からの検討が不可欠であろう。

ドイツの中世考古学が、中世城塞にほぼ共通の構造として備わる民衆の緊急避難所を、避難城塞《フルフトブルク》とか民衆城塞《フォルクスブルク》とまで呼んで、注目していることにも、貴重な示唆がある(43)。そこでも、領主・城主はその領域住民の安全保障に大きな責務を負わされ、その対価として、城の造成・維持に住民の協力を期待できた、と考えられているからである。

3　町衆と惣構

物構の意味

大名の権力が町場をも囲い込んだかのようにもみえる、本佐倉城の惣構《そうがまえ》の広がりは、果たして、町場が城に取り込まれ、領主への従属を強めていった、町衆の閉塞状況を象徴するのであろうか。

最近、張替清司氏は「惣構の形態は、戦国期における城主と民衆の関係をあらわしている」という、興味深い視点から、広く諸国にわたる二十三余りもの、中世城郭の惣構の遺構や出土遺物を、図示しつつ丹念に検討し集成した。「惣構の考古学」ともいうべき労作である。[44]

ただ「城主と民衆の関係」について、張替氏の結論によれば、惣構によって「囲う」という行為は、軍事的な緊張を契機とした、領主による土地拡大の画定・結界化や、家臣や住民の在地からの切り離し（主従制的・統治権的な支配空間の設定）を意味したと、いわば強大な権力による民衆の閉塞への道が見通されていた。

膨大な遺構と遺物の分析を集成したこの労作の結論も、私には、統一権力の成立という、中世の帰結を前提とした、やや予定調和的な気配が感じられる。

たしかに惣構が、本城を中核とした城郭の拡張の一環として営まれる以上、その「囲い込み」に、軍事的な意味が込められていたのは、もとより自明のことであろう。しかし問題は、その軍事性をどう評価するかにある。

私が想定するような、領主の領民に対する責務としての、民衆の安全保障の装置なのか、あるいは張替氏の主張するような、権力的な支配空間の強化拡大なのか。その重点や本質がどこにあったかは、なお慎重に峻別され、検討されなければならないのではないか。

本佐倉城の惣構

さて主題は、本佐倉城の主城からかなり離れた、別の台地上の町場の一画に、大きなスケールで設けられた惣構が発掘されているが、これを果たして、右に見通されたような、権力による閉塞空間の設定とみることができるかどうか、である。発掘の成果を踏まえた研究によれば、主郭から惣構までの広がりは、四方にほぼ一五〇〇メートルの範囲をもつとされる。

城の対岸五〇〇メートルほどの距離に、長く延びる台地上の道路に沿って、本佐倉城からみて、東に酒々井宿、南に本佐倉宿、西に鹿島宿、北に浜宿湊《はまじゅくみなと》（近世には上・中・下宿に整備されたという）が展開する。そのうち、本佐倉宿（上宿《かみじゅく》）の遺跡は、一条の空堀を伴い、十六世紀後半を主とする、集落関連の遺物や遺構が濃密に認められることから、あるいは惣構に囲まれた城下集落か、とされている。

その東に隣接する外宿《そとじゅく》の遺跡でも、十六世紀の遺構や遺物などが認められるが、予想される惣構のラインは、この宿に及んではおらず、城と城下の間に階層性・求心性はあったが、城下に計画的な町割は存在しなかった、とみられている(45)。

本佐倉城の十五世紀末の草創を伝える記録(『千学集抜粋』(46))は、また、延徳二年(一四九〇)に「市の立はじめ」があり、その八月には「御町の立はじめ」があったと伝えている。これによれば、本佐倉の「市」も「御町」も、十五世紀末には、ほぼ城とあい前後して成立していたことになる(47)。

なお、「御町」といえば、中世末に常陸の大名佐竹氏が、新たに築きあげた水戸城の城下では、大名から特権を与えられた町人たちの集まる町場を意味し、「市」というのは、城下に定期的に開かれる六斎市《ろくさいいち》などの、開かれた町場を指していた(48)。成立期の本佐倉城下にできた「御町」や「市」も、これに近い性格をもっていた、とみられよう。

氏政書状にみる本佐倉の町と町衆

次いで、希有なほど濃やかに、本佐倉(中世では「作倉」と表記)の町と町衆の実像を語った長文の北条氏政書状の要旨に注目することで、戦国後期の作倉の「御町」と「市」の行方と、その性格を探る手がかりとしたい(49)。

氏政書状の主題は、印旛沼を航路として、広く行き来する内外の商船に、作倉で「舟役」を課すのが妥当かどうかにあった。かなりの長文なので、その焦点を、以下の①〜⑤にしぼりこんだ上で、検討を試みよう。

①作倉へ派遣した「奉行と号する両人の者」「両人の奉行」が、作倉の「舟役」（港で船にかける課役、関税）の先例を知ろうとして、「前まえ定め置かるる証文已下」や、「役の多少」を（町の年寄たちに）尋ねたが、だれも知らないといい、「前代の証文」（証拠書類）もあるはずだが、ごまかし（申し掠め）ているのか、そんなものは存在しない、といい張っている。

②これでは「両人の奉行」としても、指示（下知）のしようもないから、「年寄り共を相《あ》い集め」て「なお先規の所、委細を糺明」して報告するように。もしどうしても取らなければならない舟役（「取らずして叶わざる役」）ならば、新たに「法度を定」めた上で、大名として申し付けよう。

③だが、作倉の舟役について、自分（氏政）の決意（「初一念」）はこうである。「川下」から（関宿など関東各地から印旛沼を経由して）作倉に入港する舟（入船）に、入港税（「役」）をかけることには反対である。なぜなら「自由に舟来り候てこそ、作倉の地下中《じげちゅう》も、自由に用所を弁ずべく」ものだからだ。

つまり、自由に舟の出入りがあってこそ、作倉の町衆（「作倉の地下中」）も、自由な取引をする（「自由に用所を弁ず」）ができるからだ。もし「入舟」に（舟役など）うるさいこと（「むさくさ」）をいえば、よそからの舟が作倉にこなくなり、ついには町場の衰退（「所の衰微」）につながることになり、よろしくない。

④もし、どうしても舟役を取りたいというのなら、戻り舟（出船）への課役だけは認めてもいい。

だが漕来舟（入船）から役を取るのは、絶対に許せない。もし正式な「掟」を定めないうちに、出入りの舟から役を取れば、その者の「頸を切る」と申し付けよ。

⑤以上が自分の「初一念」である。この方針を踏まえて、「年寄共を集め、委細に対決」した上で復命せよ。

この長文の書状の中で、北条氏政の「作倉の地下中」への姿勢は、氏政自身の「初一念」として表明され、③「作倉の地下中」の繁栄は「自由に舟来り候てこそ」であり、「舟役」をかければ「舟来るまじく」、「所の衰微」につながる、④出船への課役は認めてもいいが、入船の役は絶対にだめだ、という意向に集約されていた。

佐倉の町が「作倉の地下中」とか、町場を意味する「所」といわれ、「年寄共」が町を代表し、古くからの舟役の特権をもち、印旛沼の交易を介して、すでに大きな地位を占めていた事情を、よくしのばせている。

なお、戦国の印旛沼の水運といえば、天正四年（一五七六）九月、北条氏照は自分の被官船（家来の船）に、「佐倉より関宿、葛西より西栗橋、往復、相違あるべからず」という、過所《かしょ》（通行証）を発行して、通航を保障していた[50]。

先の③にみえていた「川下より作倉へ入る舟」は、その背景に、常陸川（現在の利根川）下流一帯に、大きな入り海をなして、「香取の海」とも呼ばれた、東国の水上の大動脈を、ここ本佐倉城下では、おそらく浜宿《はまじゆく》河岸（佐倉市大佐倉字浜宿）を拠点として、自在に航行していたとみられている。[51]

ただ、右の氏政書状にいう、作倉への出入りの舟に「役」を課すかどうか、をめぐる対立の構図には、これまで「年寄共」の解釈に難解な点があった。だが①②にみえる「両人の奉行」と、②と⑤にみえる「年寄共」の真っ向からの対立ぶりに、おそらくこの難題を解くカギがある。

「年寄共」とは誰か

①②の「両人の奉行」は、「当地へ来たる奉行と号する両人の者」ともいわれ、やや曖昧であるが、ひとまず北条方から新たに派遣されてきた「奉行」（と名乗る両人）を指す、とみられよう。

②と⑤の「年寄共」については、これを千葉氏の宿老《しゆくろう》層とするのが、これまでの通説であった。[52]しかし、戦国の作倉の町の素顔を、少しでも明らかにしたいという関心から、別の仮説を出して、検討を仰ぎたい。

すなわち北条氏政は、作倉の実務を掌握する立場にいた原胤長（書状の宛所）に対して、⑤「年寄共を集め、委細に対決」せよとか、②「年寄り共を相い集め、なお先規の所、委細を糺明」せよ、などと指示している。しかも「年寄共」は、北条氏の「奉行両人」の「舟役」をめぐる先例の諮問や「前代の証文」の提出要求を、ことごとく拒否して、真っ向から対立していた形跡である。

この対立の構図をみると、対決・糺明の対象である「年寄共」というのは、原氏の老臣衆ではありえず、「作倉の地下中」を代表する、いわば「御町」の町衆の長老たちであり、千葉氏の権力と「対決」「糺明」を迫られるほど、作倉湊を強く掌握して、自立した地位を築いてきていたのではないか。

もしも、仮にそう読むことができるならば、ここで独自に「舟役」を賦課しようとしていた主体は、「作倉の地下中」を代表する「年寄共」、つまり作倉の町年寄たちであった、という可能性が大きいことになる。

戦国作倉の町年寄

戦国の作倉の町年寄といえば、外山信司氏は、中世から近世にわたる、日蓮宗の小金（千葉県柏市）の「本土寺過去帳」から、作倉にゆかりの男女五十一名を検出することに成功していた。次いでそれを踏まえて、以下の①〜④のように、戦国の作倉城下の町年寄の実像に、豊かに迫っていたのであった(53)。

①作倉の五十一名の中に、天正十三年（一五八五）から、文禄三年（一五九四）にかけて、四名の篠田姓の男女（うち、忌年のわかる彦兵衛・大隅守・同内、忌年の不明な新右衛門母）の存在に注目した。

②あわせて、戦国期の伊勢御師《おんし》であった「伊勢龍大夫文書」にみえる、「下総作倉」から御師龍大夫に発信し、自筆の書状に添えて、麻・太刀・脇差などを贈った、篠田大隅守と篠田新右衛門尉

家次（彦兵衛の父、書状に「子ニ候彦兵衛」とある）の存在にも注目した(54)。

③さらに「佐倉御城御代々之覚(55)」を有力な傍証として、鮮やかな佐倉の町年寄像を提出していた。すなわち、この篠田氏は「佐倉御城御代々之覚」によれば、「天正十九年辛卯年（一五九一）、酒々井町建て……酒々井町篠田大隅、その外の年寄共え、下され候証文状これ有り」とみえている。つまり、近世のはじめに酒々井町の「町建て」が行われ、町には篠田大隅を筆頭とする複数の「年寄共」がいて、彼らに下された証文が伝来していた、というのである。

④この「覚」にみえる篠田大隅の名は、先の「本土寺過去帳」によって、文禄三年（一五九四）三月十五日に没した、篠田大隅守に比定できるから、彼は天正十八年秋の千葉氏滅亡後も、作倉の城下集落のうち、酒々井に居住し続け、江戸初期に新たな佐倉城主によって、その集落の一部が酒々井宿として取り立てられたときには、「年寄共」（町役人）の筆頭を務め、千葉家臣のなかで流通と係わった、商人的な色彩をもつ、特異な一族であった可能性もある、というのである。

この近世初頭に「流通と係わった商人的な色彩をもつ」「年寄共」の貴重な発見によって、新たに戦国期作倉の「年寄共」、つまり町年寄の存在の可能性が、いっそう確実になった。

外山氏は、この酒々井宿の年寄を務めた篠田氏を、千葉氏の滅亡後に帰農した千葉氏の遺臣が多い、という史実と引き合わせて、じつに慎重に「千葉家臣のなかで流通と係わった商人的な色彩をもつ特異な一族」とみていた。この篠田氏を千葉家臣とみる判断の背後には、先にみた氏政の指示にいう「年寄共」を、千葉氏の長老衆とみなす、もう一つの外山氏の一貫した解釈が秘められていた。

ただ、この「年寄共」の解釈をめぐる私案は、外山氏に大きく導かれながらも、その位置付けは異なる。つまり、町年寄としての篠田氏にかかる、外山氏の新鮮な発見によって、先に「舟役」の賦課をめぐって、北条氏政の厳しい追及を受けていた「年寄共」が、じつは千葉氏方の宿老衆ではなく、むしろ「作倉の地下中」を代表する、町年寄であった可能性は、さらにたしかなものになったのではあるまいか。

氏政の自由港市構想

こうして、もし氏政のいう「年寄共」を作倉の町年寄衆とみることが可能ならば、作倉地下中を代表する町年寄は、千葉氏の権力と「対決」する構図を示すほど自立的で、印旛沼水系の拠点であった作倉において、「舟役（関税）」の賦課により、諸国からの入船・出船の掌握をめざして、急進的かつ権力的な動向を強めていたという、新たな佐倉の町年寄像への展望が開かれるのではあるまいか。

そして北条氏政自身は、右のような町衆の舟役賦課の動向を、広大な水上流通のネットワークの隆盛を視野に入れない、狭量な態度として牽制し「対決」を求めつつ、「自由に舟来り候てこそ、作倉の地下中《じげちゆう》も、自由に用所を」と、いわば港市・町場の楽市化を標榜して、「所（町場）の衰微」を憂えていた。

その立場から氏政は、分国全体の流通交易のあり方を大局的に構想し、作倉の町年寄衆の動向を戒めて、むしろ作倉の町に〈自由な港市〉というあり方を標榜し、これを「初一念」として固執していた。「作倉の地下中」や「年寄共」を保守的と評するよりは、いわば「佐倉の視野」と「分国の視野」の差に根ざす対立であった、とみるべきであろうか。

さて、その同じ北条氏が、城普請と並行して、あたかも「作倉の地下中」を囲い込むかのような、長大な惣構を町場の一画につくり上げていた、という事実をどうみるかが、今後の課題である。

もし、その政策を「所の衰微」を憂える、その独自な都市構想と一貫した事態であった、とみるならば、北条氏が作倉の城下町の造成でみせた、惣構の構想の性格を、自由な町場の、権力による封じ込めとか、町場の閉塞などと評することが、果たして妥当であろうかということは、大きな疑問となってくる。

その評価に当たっては、一方では「作倉の地下中」のみせていた、したたかな独自性を視野に入れ、他方で大名側が強く説いていた「自由に舟来り候てこそ、作倉の地下中も、自由に用所を」という、いわば自由港市の構想との整合性についても、十分に慎重な配慮が求められなければならない。

おわりに

「内戦のなか」に本佐倉城と村や町の展開を置いたとき、どのような村像や城郭像や城下町像がみえてくるのか。それが私の関心の焦点であった。二つもの巨大な曲輪の新たな造成をふくむ、城の改造ぶりばかりでなく、その背後にあった、内戦と呼ぶしかないような、村々や町々を襲った戦禍の苛酷さをみつめる視点を欠いては、軍事史の対象から社会史や地域史の対象へ、城郭研究の視座を広げ深めることは困難となる。

しかも、国指定史跡となった本佐倉城跡の保存整備や活用に、市民の共感と合意の幅を広げる、大切な道も閉ざされてしまう。そうした危機感をひめた視座であり、問題提起であった。

くり返し述べたが、領域の城が、戦時には地域住民の避難所として機能し、城から離れた村や町が自前の避難所として、小屋籠りともいわれる「村の城」をつくり上げていたことは、苛酷な内戦の戦禍のなかでは、自明のことであったし、大名や領主に領域の安全を保障する責務があったとみたのも、同じ関心からであった。

責務といっても、町場を城郭のもとへ同心円状に囲い込むかのようにみえる惣構の成立が、大名による町衆の厳しい統制に結果したのかどうかも、さらに慎重に検討されなければならない。ここでは、自立的な町衆像を対峙することで、惣構権力論を相対化する筋道を探ってみた。

七　戦国比企の城と村――シンポジウムに寄せて

はじめに

三つの城を焦点に

ここで「比企《ひき》の城」というのは、ほぼ現在の東武東上線に沿った、埼玉県のうち比企郡吉見町から、小川町にかけての、比企郡をまたぐ、長くのびた比企丘陵の一帯の城を指している。この比企地域の城が、シンポジウムの主題とされた背景には、大きな理由が四つほどあった。

その一は、この長く続く比企丘陵上に、互いに見通せるような位置に、ほとんど連なるようにして、二十三もの山城《やまじろ》（埼玉県内のおよそ百四十の山城のうち、一七パーセントほど）が、密集しているからである。

その二は、それらの山城には、中世城郭論（縄張論《なわばり》）の研究者たちによって「戦国の山城の教科書」(1)ともいわれるほど、すぐれた戦国期の城の縄張の原型を現在もよく遺している、研究者によく知られた、山城が多いからである。

その三は、それらの山城が、ときに「比企型山城」(2)ともいわれる、全国的にも珍しいほど、特異で技巧的な個性を、共通して備えているからである。

その四は、こうした貴重な特徴を共有することから、すでに埼玉県の県指定史跡とされている山城群を、さらに国指定の史跡として、いっそう手厚い保護と活用策を講じていきたい、という強い願望である。

ただし、比企の山城といっても、二〇〇四年のシンポジウムで、主に検討の対象としたのは、比企丘陵に連なる二十三の山城すべてではなく、国史跡への指定を目指す拠点として、とくに個性的な性格をもつ、以下の三つの城に、とりあえず焦点をしぼっている。

検討の対象として選ばれた山城の一は、規模も造作も大きく、文献も多い、いわば「比企の城」の親分格ともいえる松山城(比企郡吉見町)である。(3)その二は、城郭のプラン(縄張)の特徴から「山城の教科書」とまでいわれる杉山城(比企郡嵐山《らんざん》町)(4)であり、その三は、大規模な石積み遺構を城の内外にのこす小倉城(比企郡ときがわ町大字玉川)(5)である。

これら三つの「比企の城」を焦点として、これまで、数次にわたって、発掘調査が行われ、考古学的な面から、戦国比企の城の特徴を明らかにしようという試みが積み重ねられてきた。

ただ、発掘調査には、多くの労力と時間と経費がかかるため、まだ作業の完了にはほど遠い、というのが実情である。しかしそれでも、たとえば杉山城などでは、北条氏系の「山城の教科書」とまでいわれてきた、これまでの縄張論の見方とは、その年代観の点で大きく対立するような、興味深い考古学的な所見が明らかにされはじめている。[6]

こうした発掘調査の、いわば予想を超えるような途中経過は、地表面の綿密な観察を主として、長い伝統と蓄積をもつ縄張論（中世城郭論）の方法と、地下の発掘を主とする考古学の方法との、かなり緊密な対話を要請するという、これまで余り試みられたことのない魅力的な研究討論（シンポジウム）の交流の必要性を、強く感じさせてくれるものとなった。

考古学の提起した戦国社会像から

城は内戦の社会の生命維持装置

「戦国比企の城」といっても、いったい戦国とはいつからなのか。

この点についても、近年の考古学の分野から、衝撃的な成果と展望があいついで提起されている。十五世紀も半ばを過ぎると、それまでの中世の集落が、大きく移動し、あるいは途絶えて、それと連動するかのように、数多くの戦国の城がつくられるようになる、というのである。[7]

たとえば、中世の集落遺跡を掘っても、十五世紀半ばまでの遺構や遺物しか出てこない例が少なくない、という情報がそれである。こうした発掘成果から、十五世紀半ばで、中世の村が消えてしまうのか、よそへ移ってしまったのか、という大きな問題が提起されることになった。

また、これとは逆に、中世の集落遺跡を掘っても、十五世紀末より前の集落が出てこない遺跡も少なくない、という情報も知られるようになっている。この事実から、十五世紀末から十六世紀初めにかけて、たくさんの新しい村がつくられたか、よそから大移動してきたのか、という問題が提起されることになる。

また一方では、戦国の城を掘ってみると、出土遺物は十五世紀半ば以降という例が多い、という事例が明らかになり、さらに戦国の村がその城の近くに現れるようになる、という情報も知られてきている。

このように、近年の考古学の情報が新たに語りはじめた、新しい戦国社会のストーリー（物語）というのは、要約すれば、次のようになるだろうか。

十五世紀後半に、日本中世は内戦（戦国）の時代がはじまり、その内戦の中で、危機に対応して、攻撃と防禦の拠点として戦国の城がつくりはじめられる。一方、その内戦とともに、村は滅びたのか。そうではなく、新たな戦国の城の周辺に、村が大きな移動をはじめたのではないか。

もしそうなら、戦国の城というのは、その初めから、内戦の中の地域の危機管理センター、という役割を負わされて成立してくるのではないか。戦国時代というのは、つねに内戦の危機に備えて「身構えた社会」のはじまりであり、城は内戦の社会の生命維持装置《サバイバル・システム》として機能していたのではないか。

十五世紀後半から、村が消え、村が移り、城ができる、という情報を私が初めて耳にして、内戦の時代のはじまりと村と城の激動、という衝撃的な印象をうけたのは、たしか十年余り前の、千葉県での発掘調査の成果（本書六章「内戦のなかの村と町と城」179頁）であったように、おぼろげに記憶している。しかし現在では、このような戦国の城と集落についての私の印象は、はるかに広く全国にわたって語られはじめているように思われる。城は内戦の社会の生命維持装置《サバイバル・システム》であったという仮説を、私もまた、このシンポジウムの大きな主題として、掲げざるをえないことになる。

1　戦場で何が起きていたか

北条氏の略奪禁止令

村が動き、城ができる。社会を根こそぎ動かさずにおかないような戦国の戦場で、いったい何が起きていたか。「内戦」とは何か。「身構えた社会」とは何か。まずは、その実情を、比企の一帯を中心にして、あらためて問うてみよう。

比企丘陵に連なる、秩父郡東秩父村の浄蓮寺に伝わる、一通の小田原北条氏の朱印制札（年未詳の秋九月付）が、村々の戦禍の一端をあからさまに語る(8)。

大河原谷《おおかわらだに》・西之入筋《にしのいりすじ》、案独斎《あんどくさい》の知行において、諸軍、人・馬取る事、ならびに屋敷の内にて鑿《き》り取り、停止せしめ候、ただし、陣具・芋・大豆の類は、何方の地に候とも、これを取らせべきものなり、

小田原北条氏の軍隊は、ここ比企郡の西部で、新たに軍事作戦を展開しようとしていた。ところが、新たに味方についた上田朝直（案独斎）の願い出によって、北条氏は自軍に対して、こう命令した。

秩父郡東秩父村一帯の大河原谷から、比企郡小川町竹沢地区（西之入筋）にかけて広がる、上田領の一帯の村々においては、北条方の諸軍が、村人や馬を奪い取ったり、主な百姓たちの家屋敷に押し入って略奪をすることを、（北条軍として）禁止する。ただし、陣地をつくる資財（竹木）や、ふだんの人馬の兵粮にする芋や大豆は、どこの畠でも自由に奪い取っても構わない、というのであった。

これは、戦場における自分の軍隊に対する略奪の禁止令である。と同時に、一方では、軍隊による竹木・食糧などの勝手な現地調達を、公然と認めた指令でもある。だから、この禁令の背後にある、戦場の村の実情を知るには、この禁令の裏を読む必要がある。

もしこの禁令が、戦場の人々の手に入っても、侵入する軍隊によって守られなければ、比企郡西部一帯の村々では、村人が戦争奴隷としてさらわれ、馬が奪われ、目ぼしい百姓の屋敷は襲われ、

略奪されてしまう。それが戦場の村々の現実であり、常であった。しかも兵の駐留や兵粮の現地調達のための竹木・芋・豆などは、軍隊の勝手な略奪を阻止することはできなかったのであった。

つまり、戦場の村では、兵士たちの手によって、食糧の勝手な強奪ばかりか、人さらい（人の略奪、戦争奴隷化）までが行われていたことになる。私が戦国時代を「内戦の世」とみるのは、このような厳しい現実を前提にしている。

略奪・人さらいも戦果

なお、この禁令より少し後のことらしいが、比企郡都幾川村（ときがわ町）の古刹として知られた慈光寺《じこうじ》の壮大な伽藍群は、新たに大築《おおづく》城を築いて攻め寄せた、上田案独斎朝直の軍兵によって、すべて焼き払われ、寺僧たちは宝物を土中に埋めて、遠くの山に避難した、という(9)。

戦火のかげには、つねに大掛かりな略奪があり、僧侶たちはそれを少しでも免れるために財宝を土中に埋め、さらに人さらいを避けるために、伽藍を捨てて遠くの山に、山入りして避難した、というのであった。

また、比企郡に隣接する大里郡寄居町の鉢形《はちがた》城主北条氏邦によって、新たな領域となった、上野国那波郡玉村（群馬県佐波郡玉村町）では、集落が敵軍に襲われていた。これを知った北条氏邦は、

　玉村五郷の者ども、この度ことごとく取られ候、如何すべく候哉、

と嘆いていた[10]。玉村の五つの郷の村人たちが、ごっそり敵軍に人さらいされて、村が無人となってしまった。いったいどうすればいいだろうか、というのであった。

北条氏邦は、また地元の荒川村（深谷市）で、「人のうりかひ、一円、致すまじく候」と指示していた[11]。氏邦軍の兵士たちもまた、よその戦場ではさかんに人さらいして、その戦争奴隷たちを、人買い商人などに転売して、儲けていたのであろう。それを止めさせよう、というのであった。

最後の北条家の当主氏直も、上野の戦場で「宗たる者、数多討ち取り、その外、生け捕り・武具・馬以下、際限なく取る」という、戦場の人さらいや武具・馬などの略奪をきりもなくやり、それを戦果として高く評価していた[12]。

僧の戦場体験の記録

上野の長年寺の僧侶受連は、その覚書に、

剝《は》ぎ執《と》らるること三度、仁（人）・馬・雑物、取らるること、数を知らず、飢死に及ぶこと多年、

と、その地域が戦場になったときに経験した、様々な略奪の実情や飢餓の体験をつぶさに記録して

いた。[13] 内戦の世に生きた個人の、想像を絶する悲惨な戦場体験の記録として、まことに貴重な覚書である。

以上は、比企の地域にもゆかりのある、北条氏の軍隊にかかわる戦場の実情であったが、ほかの大名たちの戦場でも、人さらいを主とする略奪はさかんに行われていた。[14]

初めに比企の戦場でみた通り、村が戦場になると、人も馬もみな敵兵にさらわれるのが常で、それを免れるために、領主の上田氏は、大名の北条氏から特別の禁令をもらって、人さらい（戦争奴隷にされること）を避けようとしていたが、それは、どこの戦場でも、人さらいが習俗として行われていたからであった。

まして、兵士の兵粮となる作物の略奪は、まったくの野放しに勝手に行われていた。村が戦場になれば、村人はそれを避けることができなかった。まさに内戦の戦場であった。

2　村からみた戦場の城

領主の城は村人の避難所だった

落城した城内に籠る百姓・町人

地域が戦場になると、城や住民はどうなったか。

比企丘陵の東端に築かれた松山城が、中世の終わりに、秀吉軍に攻められるという形勢になったときのことである。天正十八年（一五九〇）三月、松山城主の上田憲定《のりさだ》は、松山町（東松山市）の本郷《ほんごう》町人衆と新宿《しんじゆく》・本宿《もとじゆく》宛に、こんな礼状を書いていた。

今度、御世上火急についていては、松山に籠城いたし、無二《むに》に走り廻るべき儀、宿中《しゆくちゆう》の者、いずれも同意に申し候由……一段祝着《しゆうじやく》に候、(15)

松山の町人たちは、もし松山城に秀吉軍が攻めて来たら、挙《こぞ》って籠城して戦おう、と合意してくれたそうで、まことに嬉しいことだ、というのである。

また、松山の地元にある正法寺に伝わる「岩殿山正法寺縁由」[16]も、この時、松山城には「軽卒（雑兵）・所民（住民）……都合弐千人たてこもる」と書いていた。ほかにも「くつきようの侍二百余人、雑兵二千三百余にて、守り居たり」[17]という、よく似た伝えもある。この時、戦わずに落城した松山城には、正規の戦闘員二百余人のほか、その十倍ほどの民衆が籠城していたことになる。

いざ戦いという危機に臨んで、二千人もの雑兵や領内の住民たちを、いったい松山城のどこに収容できたか。いまの松山城の現状からは想定しにくい。だが、かつては外曲輪《そとぐるわ》ともいわれ、近年には土採りで破壊され、次いで大学の敷地になってしまった、城のもっとも外郭の部分に、かつては広大な曲輪の跡が、近年までその姿をとどめていた。その事実が、まだ地元の古老や城郭研究者たちにははっきりと記憶されていることに、注目してみる必要がある。

この松山落城とほぼ同時に、隣接する岩付領の中枢であった岩付城（さいたま市岩槻区）は、秀吉方との激しい戦いの末に落城していた。その最期の姿は、

何《いず》れも役にたち候者は、はやみな討死いたし候、城のうちには、町人・百姓・女以下より外は、ござなく候[18]、

と報じられていた。城の戦闘員はみな討死したが、城内にはまだ町人・百姓・女性など、非戦闘員の領民たちが数多くたて籠っていた、というのである。

事態は、北条領域の中枢にあった小田原城（神奈川県）でも、同じことであった。その籠城の様子もまた、

人数（軍勢）二、三万も構内にあい籠め、その上、百姓・町人その数を知らず[19]、

といわれていた。城内には、二、三万もの戦闘員のほかに、その人数をうわまわる、数え切れないほど多くの百姓・町人が籠っていた。

松山城に近い忍《おし》城（行田市）でも、同じく落城のときに、城内には、

定めて一万ばかりも、これあるべく候か[20]、

といわれ、一万人ほどもの領民が「家財物」を持って避難していた。落城の後は、周辺の「隣郷荒所」つまり村々の荒廃を避けるために、彼ら避難民たちは「家財物」ともども解放され、帰郷を許されていた。

これら北条方の拠点城郭の末期の情報からみれば、比企の拠点であった松山城内に、戦闘員の十倍を超える二千人以上もの領民が籠っていた、という後世の伝えを、むげに無視することはできないであろう。

内戦の時代の城は、戦闘拠点であったばかりでなく、地域住民の戦時の生命・財産の緊急避難所として機能していた。彼らは落城とともに、みな生命・財産を保障されて、帰郷することを許されていた。

内戦の時代に、城郭が領民の避難所になるというのは、戦場の村の人さらいと並んで、広く習俗化していた形跡が濃厚である。城は領域の危機管理センターであり、文字通り生命維持装置《サバイバル・システム》の役割を担わされていたにちがいない。

城まわりの村

城と集落は、たがいに孤立していたわけではなかった。

比企の杉山城の場合を、まだ戦国の戦争が終わって間もない、慶長二年（一五九七）の「杉山村御水帳《おんみずちょう》」によってみよう。[21] 城下の村は「杉山村」（嵐山町字杉山）と呼ばれ、この「御水帳」（検地帳＝土地台帳）には、百姓二十六人がこの土地台帳に登録されていた（総人口は百人をかなり超えていたか）。

うち①地主は七人（外記《げき》＝七八反、帯刀《たてわき》＝四八反、主計《かずえ》＝三〇反、藤四郎＝一九反、大炊助《おおいのすけ》＝一七反、太郎次＝一二反、大蔵院＝一〇反）であり、侍風やおとな（村の長老）風の名前が印象的である。

また②自作は三人（小五郎＝一九反、与三郎＝一〇反、薬師堂＝八反）であった。また、自小作は三人（重左衛門＝三一反、弥七＝一八反、新四郎＝一二反）であり、ほかに小作が十三人を数えた。

これらの人々は、地元の調査(『嵐山町誌』)によれば、城ケ谷戸・猿ケ谷戸・大町など、多くが杉山城の近くの集落に住んでいた、と推定されている。杉山城といっても、周辺の集落から、まったく孤立して存立していたわけではなかった。

なお、比企郡の小倉城の場合、寛文八年(一六六八)の検地帳が、城下の小倉と遠山という、城をはさんだ二つの村に伝存している。小倉村には十人の百姓が登録され、遠山村には二十四人の百姓が登録されている。

小倉は小村であるが、遠山村は先の杉山村と同じ程度の百人以上を超える人口をもつ集落であり、小倉城とたがいに支え合う地位にあったと推定される。すでに早くから、これら城下周辺の集落が「天然の内曲輪」と構想されていたという見方に、私は心ひかれる[22]。

村人も自前の避難所をもっていた

山入り・小屋掛けする村人

内戦のなかといっても、村人が、その生命・財産の保全を、すべて領主の城郭に依存していたわけではなかった。

永禄十一年(一五六八)、武田信玄の襲来をうけた、比企地域に境を接する、鉢形城(寄居町)の城主北条氏邦は、兵粮の移動を禁止し、十五歳から六十歳までのすべての男子の調査を指示すると

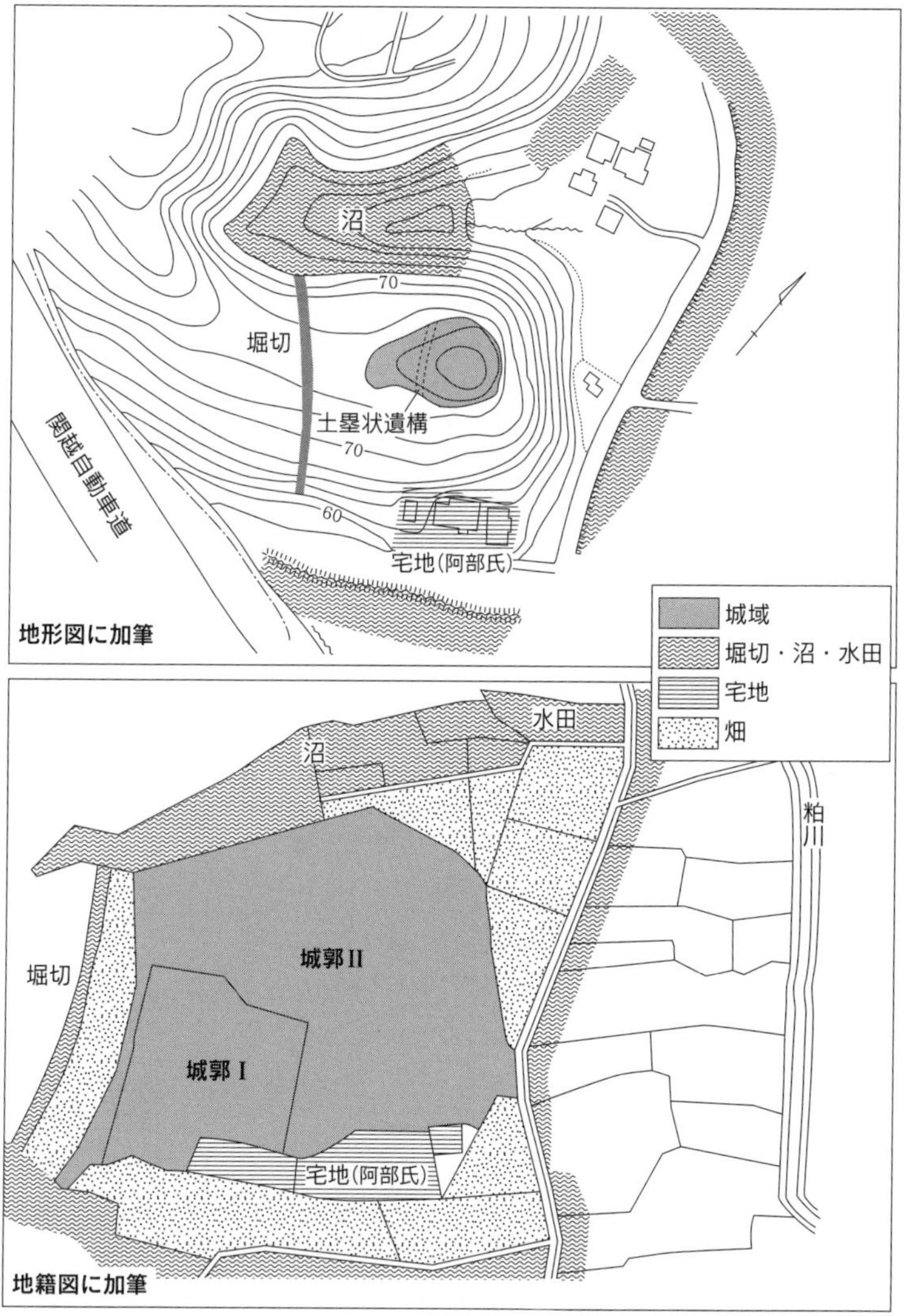

谷津城跡

作図：水口由紀子

ともに、「敵働く由に候あいだ……小屋の儀は、金尾・風夫《ふうぷ》・鉢形・西之入にあい定め候」と通達していた[23]。

ここにみえる「小屋」を『小川町の歴史』は、戦いを避ける避難のための小屋掛けの場所を、これら四カ村に指定したものとみなしている。山入りし、小屋掛けして、敵を凌ぐという、いかにも内戦の世らしい、村々のしたたかな行動を、ここにしのぶことも可能であろう。

よそでも、たとえば和泉（大阪）では「地下（村中が）小屋入りつかまつり[24]」といわれ、備中（岡山）では「西方の里分は、ことごとく小屋に籠り候[25]」という、里の村人たちの小屋籠りという、したたかな避難行動が知られている。九州でも「百姓ら要害かたく構え[26]」とか、「一乱のみぎり、百姓等取りあがり申す[27]」という伝承をもつ、小さな山城がよく知られている。

なお、比企の杉山城から、直線でわずか五〇〇メートルほどの距離にある、嵐山町大字杉山字谷《や》ツという、低い丘陵地帯（舌状台地）の先端部に、山林の三方（比高一一メートル、幅一二〇メートルほど）を、水田と沼池が取り囲み、丘陵に続く側の一方の先端だけを、薬研堀《やげんぼり》の深い堀切《ほりきり》で断ち割って、さらに土塁状の遺構と削平地をわずかに伴う、小さな山城の跡がある。

現地は、近年の関越自動車道インターの工事に関連して、一帯が谷津遺跡と名づけられて、緊急発掘が行われたのに伴って発見され、遺跡名にちなんで、谷津城跡と呼ばれている[28]。

その遺跡地形図と地籍図を対照してみると、この小城郭などは、おそらく一帯の集落に附属する、いわば村の城であった可能性を示唆して、興味をひかれる（219頁図参照）。

3　最後の松山城主像

軍事動員を懇願する城主

やがて落城の悲運を迎える、最後の松山城主となった上田憲定について、城主と領民がどのような関係を取り結んでいたかを、その最後の段階について、①〜⑦の上田憲定書状を例として、見定めておきたい。

松山城から市《いち》の川《かわ》を隔てた対岸の丘陵の上に、松山本郷とか松山本宿とよばれた、発達した町場が開けていた。いざ合戦という気運となると、城主はその町場の人々に向かって、こう説得していた(29)。

①累年、当宿（松山宿）にあって進退をおくり候筋目、さりとては、この度、走り廻らずして、叶わず候、（『東松山市史』資料編第2、一〇四六。以下同）

長いこと、松山城下ともいうべき、この松山の町（宿）に住んで、そのお陰で暮らしを立てて来た義理があるのだから、今度の戦争でも、懸命に奔走しなければ、その筋目が立たないではないか、というのである。軍事動員の命令というより、ほとんど城主から町衆への懇願に近い、説得の口調が印象的である。

②走り廻りを心がけ候ものは、小旗あるいは鉄砲・弓・鑓、似合い〳〵に支度をいたし、……、（一〇四六）

城主が町衆に求める「走り廻り」というのは、それぞれが自前で、手持ちの小旗・鉄砲・弓・鑓など、分相応の武器を用意して、戦争に参加することを意味していた。いわば民兵にも、武器の自弁によって、戦士としても奔走することを求めていたことになる。

③よそへ心を寄せ、引き移るべきあてがい、致す者あらば、たちまち、その断わりを申し付け……、（一〇四六）

先に①のように「累年、当宿にあって進退をおくり候筋目」を町衆に強調していたのは、松山領民といえども、だれもが城主との筋目を大切にする者ばかりでなく、領内からの逃亡を企てたり、敵方に味方しようという者が少なくないことも、十分に予想されていた。

だから松山城主は、松山の町衆の結束と武器自弁による奔走を、②のように強く期待しながら、じつは、その実現に十分な自信をもつことができずにいたらしい。それが「よそへ心を寄せ、引き移るべきあてがい」である。城主は領民を意のままにできるほど、統治し掌握しきっていたわけではなかった、とみられるからである。私たちは戦国の城主・領民観を見直す必要があるのではないか。

実戦に期待される雑兵たち

松山の町（新市庭《しんいちば》）は、上田氏によって「町人さばきたるべき事」という、町衆による自治が認められた楽市であった(30)。しかし、松山城主と松山領民は緊密で一体な関係を築き上げていた、とみるのは困難なのが実情であった。「町人さばき」だからといっても、領民のあいだに強固な自治組織が築き上げられていたと想定するのは、虚構なのではあるまいか。

そのため、緊急な事態のもとで、城主は町衆などの民兵の尽力に期待するだけではなく、特異な徴兵態勢を構想し、推進していた様子である。

④このたび陣中において、夜はしり・夜盗いたすもの、いか程も所用に候、（一〇四五）

⑤おのこゝを立て、すくやかなる者、……いづれの私領の者なりとも、領主にきづかいなく、陣中へきたり、走り廻るべく候、ふちは当座に出しおくべく候、（一〇四五）

領内の町衆を主とした民兵の力量に、大きな期待をかけることができないとすれば、④のような、日常の生活から逸脱した「夜走・夜盗」たちの実力に依存しなければならなかった。というより、夜走・夜盗などの特殊な技能をもつ者たちの方が、実戦力としては期待できた可能性が大きかったのであろう。

さらに⑤のような「おのこゝを立て、すくやかなる者」といわれる、やくざな気風をもった、身体強健な若者たちにも期待をかけた。こうしたアウトローな志願兵たちの方が、戦力としては、いわば特殊部隊として、ふつうの民兵よりも、むしろ勝っていたにちがいない。

城主はそれらの人々に大きな期待を寄せた。松山の陣中にやっていけば、食糧（扶持）も給付されるとなれば、彼らも楽をして食うことができる可能性もあった。それだけではなかった。

⑥これ以前、当家中において科《とが》（前科）あるものなりとも、また借銭・借米これある者なりとも、このたびの陣へきたり、走り廻るについては、相違あるまじく候、（一〇四五）

アウトローたちだけではなく、前科者でも、借財で苦しむ者たちでも、こんどの陣中に参加してくれば、過去のことはすべて帳消しにする、というのである。いざ戦争ということになれば、「弓矢徳政」ともいって、こうした帳消しの措置がとられるのは、かならずしも珍しいことではなかった。

思えば、これまで私たちは、①・②のような、村や町の組織を通じて徴兵される者だけが、ほんらいの戦士で、④〜⑥のような、いわばアウトローの雑兵は、苦し紛れに寄せ集められた、にわか仕立ての兵士だと考え、「累年、当宿にあって進退をおくり候筋目」をもつ者こそが、いざというときの主戦力になった、とみる傾向があったのではないか。

しかし、この松山城主の徴兵ぶりをみると、じつは、①・②のような兵士よりも、むしろ④〜⑥のような、特殊部隊ともいうべき雑兵たちの方が、いざという時の実際の戦場に期待される、戦力・機動力をそなえた戦士であった。そうみる方が、内戦の現実に近いものであったかと思われる。

それにしても、不意の夜討ちにあったときなどには、貝で合図をするから、そのときは、

⑦ゆみ・やり・てつはうをもち候ものはもちろん、どうぐをもたぬ者は、ぼうをもち、げんみつまかりいでべく候[31]、(一〇三九)

といい、弓・鑓・鉄炮などの武器を自弁できない者は、棒をもってでも、出動してくれ、出動しないものは成敗する、と呼びかけている城主の言葉をきくと、松山城の最後の城主が、軍事的にかなり追い詰められた、苦境におかれていたことは、疑いないところであろう。村人の手元にある、弓・鑓・鉄炮などが期待されていた事実も、民衆の独自の武装の充実ぶりをしのぶ、重要な視点と

なる。

なお、松山城主上田氏の比企地方の本来の拠点は、比企東部の松山城の一帯よりも、先にみた「大河原谷・西之入筋、案独斎の知行」といわれた、比企西部の小川町・ときがわ町、秩父郡東秩父村などに重点があったともみられている。もしそうだとすれば、松山領と松山城主像の見方にも、大きく影響する論点となるが、その委細は梅沢太久夫氏の新著『武蔵松山城主上田氏』に譲ることにしたい(32)。

4　戦国板碑に村の力量を読む

「念仏の板碑」から「待の板碑」

埼玉県内の板碑《いたび》は、中世の前期以来、県内一帯に大きな広がりをみせて、中世文化の重要な拠点をなしている。いま、ここで特に注目したいのは、比企地方の戦国板碑に変化があり、村との関係が表面化する、大きな特徴が現れてくる、という事実である。板碑への村人の登場といってもいい(33)。

まず、比企地方の戦国板碑には、〈念仏《ねんぶつ》の板碑〉から〈待《まち》の板碑〉へ、講の性格（供養の趣旨と人名の表現）に、大きな変化が現れる。

かつて『東松山市史』編纂の段階で私の知りえた、比企の〈待の板碑〉は二十六基にのぼっていた。そのうち、十五世紀の末に、戦国の始まりとともに現れる月待《つきまち》板碑は十五基、十六世紀の申待《さるまち》板碑が十一基を占めていた。

さらに、戦国板碑の型も、高さは一五〇～二〇〇センチと、にわかに大きくなり、そこに刻まれる人名も多くなる。東松山市下野本《しものもと》の月待板碑には、十三人の名が刻まれていたし、小川町下里の月待板碑には、約三十人の名が刻まれ、ほかにも、摩滅して判読できないが、百人を超える連名の板碑もある、とみられている。玉川村五明《ごみょう》（ときがわ町玉川）の申待板碑（幅五七センチ・高さ一九八センチ）には三十人の名が、東松山市下青鳥《しもおおとり》の申待板碑には、約四十人の名が刻まれる。

月待板碑の日付は、二十三日（二十三夜）がほとんどで、月は、申待板碑とともに、十月から十一月の収穫終期がもっとも多い。つまり月待ちも申待ちも、村の農耕生活のリズムやサイクルと密接に結びついていた。村人たちは二十三夜講や庚申講の集まりを続け、収穫の祝いを期して、講の記念に大きな石碑を村の中に建てた。

主張する村人たちの個性

名前にも、それまでの中世板碑とちがって、名字のない庶民的な名前（彦太郎・弥六など）も数多く刻まれるようになった。十五世紀以前に、ほとんどを占めた「念仏講中三十人」とか「念仏衆百人」など、念仏が中心で、人数は多いが、一人ずつに名前も個性もない、集団ごとの「結衆《けちしゅう》板碑」と比べると、個々の村人たちが、その個性を主張するようになったという、質的な変化が明らかになる。戦国らしい村の自立した個性の出現といってもいいであろう。

また、講の集まりも、収穫期に集中するなど、暮らしのあり方により密着したものになる。そうした暮らしに密着することで、幅広い村人たちの参加が可能になり、板碑の主体となる人々の階層も大きく広がった。

さらに、女性の名前とみられる実名（たら・とら）とか、法名（妙久・妙珍）とか、家族ぐるみとみられる「道西、同とら、子弥太郎」など、家族の連名までも見られるようになる。

女性たちを中心とした二十三夜塔（講）や、村人の庚申塔（講）などは、さらに江戸時代以後の村々にも広がって、いまも懐かしい、村の路傍や辻の風景を形づくっていくことになる。

これらの民衆的な講を中核とした、村のまとまりぶりや、共同で大きな板碑をつくる営みに、戦国の村の力量の高まりを、積極的に読み取ることは、内戦の時代をしたたかに生きた村人の実像に迫る、大切な手掛かりとなるにちがいない。

壮大な縄張を誇示するかのような、比企の中世城郭の親分格とみられる松山城の最後の城主の、意外に不安定で頼りなげな心情と比べるとき、こうした領域の村々の個性的な姿は、まことに対照的にみえてくる。城主の不安は、村々の力量の高まりとも深い関連があった、とみるべきではあるまいか。

おわりに

これまでもしばしば言及してきたが、このシンポジウムの成果としてまとめられた埼玉県立歴史資料館編『戦国の城』[34]と、その基礎となった同編『検証　比企の城』[35]の大冊に目を通すと、論点はもとより多岐にわたるが、その中から、二つほどの注目すべき特徴が、とりわけはっきりとみえてくる。

十五世紀後半を画期とする

特徴の一つは、様々な研究領域から、十五世紀後半を大きな画期として主張する、共通した発言が目立つことである。

この章の冒頭に述べた、十五世紀後半から十六世紀初頭にかけて、いわば内戦の時代のはじまりともいうべき、大きな社会変動が起きていたのではないかという、近年の考古学の領域からの情報を、あらためて思い起こすとき、これは無視できない事実である。

ここに、この「シンポジウム比企の城」の提起した、十五世紀後半画期論ともいうべき、興味深い発言を、順不同にあげてみよう。

①まず、比企の三つの城の考古学による発掘の成果が、杉山城をその典型として、十五世紀後半

を比企三城（松山・杉山・小倉城）の大きな画期、とみなしていることである。[36]

②比企の周辺でも、鉢形城など石積みの城の出現が、十五世紀後半を画期、と考えられていることである。[37]

③広く武蔵の平地城館＝方形館の展開にも、十五世紀後半が大きな画期をなしている、という顕著な傾向が認められていることである。[38]

④擂鉢《すりばち》を主体とする瀬戸・美濃製の陶器の出土数が、個体数はまだ少ないものの、埼玉県内のいくつもの城跡で、とくに十五世紀後半から顕著になる、とみられていることである。[39]

⑤旧鎌倉街道に代わって、鉢形城を大きな焦点とし、小田原や江戸と結ぶ新たな二本の街道が、十五世紀後半から登場してくる、とみられていることである。[40]

⑥相模を本来の居住地とする上田氏が、松山城の城主として、比企地方に本格的に登場し活躍するのも、やはり十五世紀後半以降のこと、とみられていることである。[41]

以上、およそ①〜⑥にわたる、それぞれの視角によって提起された、十五世紀後半以降を画期とするほぼ共通する年代観は、この時期を画期として、比企地方に大きな社会変動が起きていた可能性を強く示唆するとともに、その変動の焦点を、比企の城郭が占めていた事実を強く示唆する、とみられるのである。

十五世紀後半以降の社会変動の中で、比企の戦国城郭が登場してくるとすれば、これらの戦国城郭が、社会変動の焦点にあって、内戦の社会の生命維持装置《サバイバル・システム》として、重要な役割を担わされていたことは、否定しようのない史実であった、とみなければならないことになる。この、いわば十五世紀後半以降画期論は、「比企の城」シンポジウムの重要な焦点となるにちがいない。

縄張論と考古学の協業に期待する

特徴の二は、長い研究の伝統をもつ中世城郭論（縄張論）の城郭の観察と、新たに登場してきた考古学の方法による、中世城郭の発掘成果との、大きなズレと年代観の差が、ことに杉山城の評価をめぐって、明らかにされようとしていることである。

これまで縄張論は、杉山城を典型的（教科書的）な北条氏後期の城郭とみてきたのに対して、新たな考古学の出土遺物論は、この城を北条以前（山内上杉氏か）の未完成な城とみて、たがいにきわめて対照的な評価の方向を模索しはじめているのが、ことに興味深い研究の現状である。

縄張論は地表面の観察を方法的な特徴とし、考古学の城郭調査はいわば地下の観察を方法の特徴としている。地表面の観察には、現況調査という限界があり、現行の地下の観察には、発掘範囲の制約と出土資料の希少さという限界がある。

二つの対象的な城郭論の方法は、それぞれに成熟を遂げて、いまようやく本格的に、丁寧な対話と協業の時を迎えようとしている、というのがシンポジウムから私の学んだ、強い実感である。中世城郭にはそれぞれに意志と個性と文化がある、ともいわれる。[42]その城の意志と個性と文化の解明に向かって、二つの方法の真摯で豊かな対話の深まりを期待したい。

八　山城停止令の発見

はじめに

十六世紀、戦国時代の日本には、全国で二万とも四万ともいわれるほど、じつに多くの山城《やまじろ》があったが、十七世紀の初めまでに、その大半が廃れてしまった、といわれている。

日本の中世社会では、領主や土豪ばかりか、ときには村や町まで、大小さまざまな権力や集団が、それぞれ自前の城をもっていた。その多くは山城であった。その山城が、近世社会の初め、統一権力（平和令）が成立する中で、いっせいに廃城に追い込まれる、という事態が起きていたことになる。

どうやら、内戦の中世が終わって、平和な近世に移っていく過程には、いたるところにあった無数の山城の廃絶、つまり中世では、諸権力から村や町まで様々な集団がもっていた、築城権に対する規制が、ことに豊臣政権による百姓の刀狩《かたながり》、つまり民衆の武装権に対する身分の規制と並ぶほどの、大きな位置を占めていたらしいのである。

これまでの政治史や城郭史の研究でも、織田や豊臣が天下統一を進める過程で、戦場となった地域ごとに、その都度出した「天正《てんしょう》の城破令《しろわりれい》」や、豊臣が滅んだのを機に、徳川が諸国に出したという「元和《げんな》の一国一城令」が、大きく注目されてきたのは、そのような関心からであった。

しかし、数万ともいう戦国の山城すべてが、ことごとく権力の「城破令」によって破却され廃絶されたという俗説には、果たして、それぞれに納得のいく根拠がたしかめられているのであろうか。たとえば『越後野志』など近世の地誌や伝承を調べてみると[1]、豊臣期から徳川初期にかけて、くり返し「山城停止《ちょうじ》令」が広く出され、そのためにやむなく山城を棄てたとか、山城を下りて平地の城館に移ったという、廃城や移城の伝承が、各地の近世地誌類の中に、いくつも埋もれているらしいのである。

たとえば、右の『越後野志』は、文化十二年（一八一五）の晩冬に、越後水原《すいばら》（新潟県阿賀野市）の小田《おだ》島允武《じままさたけ》が、越後の新しい風土記作りを目指して書いた、全五十巻からなる越後の地誌である[2]。その巻十六古城址のうち、福島城の項をみると、

慶長十二年、駿府城造営有之、東照神君御移住、天下一統山城停止ニ依テ、同年、堀秀治春日
山城ヲ退去シ、福島城ヲ築キ、移居ス、

と記されている。

つまり、慶長十二年（一六〇七）に徳川家康は駿府城に移ると、「天下一統山城停止」令を出したため、堀秀治《ひではる》は越後の山間《やまあい》の春日山城《かすがやま》（上越市春日・中門前・大豆・中屋敷の一帯）を退去して、同じ越後の海沿いの福島城（上越市）に移った、というのである。すでに福田千鶴氏が注目した『越後野志』にいう「天下一統山城停止」令の記事というのは、これであろう。

この地誌『越後野志』にみえる、「山城停止令」の伝えは、記事の出所は不明であり、たしかな史料の裏付けもなく、これまでその史実の有無が、まともに検討された形跡もないようであった。

ただ、よく知られるように、もともと中世の城のほとんどが山城であったといわれるだけに、「山城停止令」という廃城令らしい呼び名と、「天下一統」の指令によった、という廃城のスケールの大きな伝承には、「豊臣平和令」に関心を寄せる者としては、ふと心ひかれる思いがある。

村田修三氏によれば、「天正の城破令」のあと、城の集中が進んで、山城の激減する「元和の一国一城令」までは、個性あふれる山城が各地に築かれていた、といわれている(3)。この伝承にみえる「山城停止令」というのは、そうした山城の運命に、どのように関わっていたのであろうか。

今はまだナゾ解きの端緒にすぎないが、多くの方々にご教示やご示唆をいただき、これまでに知ることのできた、十四ほどの廃城の伝承がある。これらを、大まかに東国と西国に分けて、順不同ながら、あらためて紹介し、諸国にあった無数の山城の廃絶という、戦国終末期の山城の歴史の変動の奥行きをしのぶ一つのよすがにしたい(4)。

1　東国の山城停止の伝承

越後春日山城の伝承

東国の「山城停止令」の伝承の①は、先にみた、上杉謙信・景勝や堀秀治の居城としてよく知られる、越後の春日山城（標高一八二メートル、比高一七〇メートル、新潟県上越市）の廃城をめぐる伝承である。「天下一統山城停止」（『越後野志』）という、この城の思いがけない情報は、城郭史に疎い私には、じつに新鮮であった。[5]

さっそく春日山の現地を訪れて調べてみると、地元の史家の間では、この情報については、じつは早くから知られ、その当否をめぐって、論議も交わされていたらしいのであった。[6]

たとえば『高田市文化財調査報告書　春日山城』（一九六七年）をみると、高田（のち上越市）地方では、「山城廃止令」が出たように言われているが、そのような事実はないと断定して、『越後野志』にみえる山城停止説をきっぱりと退けている。

その上で、堀氏は、山深く狭隘な春日山城よりも、もっと大きな城と城下町を広大な平地に建設して、発展を期するため、慶長十二年（一六〇七）に、狭い山城から広大な平城《ひらじろ》へ移ったのだと、春日山城廃城の理由について、独自の判断による福島築城説を主張していた。広く山城から平城への変遷という俗説が広がっていて、それに従った解釈であったものらしい。

ところが、その文化財調査報告書の編集委員の一人でもあった中沢肇《はじめ》氏は、その後、自著のなかで、慶長十二年の春日山廃城・福島築城説、つまり右の報告書（通説）を批判し、堀氏はすでに慶長五年には、新城（福島城）の築城を手がけていたとみられる、明らかな形跡があるとして、いくつもの根拠をあげられていた(7)。

まず中沢氏は、上越市寺町の本誓寺《ほんせいじ》に伝わる「越後本誓寺由緒鑑《ゆいしよかがみ》」にみえる、次のような「山城停止」の記事に注目していた(8)。

一、堀久太郎秀治領主の時分、山城停止にあいなり候よし、新城出来候迄は、これまでの居城（春日山城）に住居これあり候、
然る所、慶長五子年（一六〇〇）、本誓寺賢乗《けんじよう》（が春日山城に）登城の節、秀治対面の上、内々申され候は、「予も福島辺に新城築きたき存心につき、貴寺へ境内望みの所、差し遣わす間、五村の里は御退寺これある様」、あい頼まれ候につき、早速、領承いたし、「然るべき場所にて、境内拝領いたしたき」旨、（本誓寺賢乗が）申され候ところ、当時の高田町の近辺を高田村と申し、賑わいもこれある在町にて……一町四方の屋敷地、下され候、

つまり、堀秀治は慶長三年（一五九八）に越後に入部すると間もなく、「山城停止」の令が出さ

れていたが、すぐにはそれを実行せず、新しい平地の城にふさわしい城地を物色しつつ、なおも山間の春日山城に留まっていた。

しかし、やがて海沿いの福島の本誓寺境内の地（五村の里）に目をつけ、ここを新しい城地として接収することとし、慶長五年に、一向宗の大寺であった本誓寺賢乗を春日山城に呼んで、この案を承知させた。そして本誓寺には、代替地として内陸の在町であった高田（もと高田市両人町＝本誓寺町、現在の上越市東本町）に一町四方の屋敷地を与え、海岸の福島（もと直江津市、現在の上越市）から退去させた、というのである。

この「本誓寺由緒鑑」に従えば、もともと春日山城（堀氏）に「山城停止」の指令が出ていたのは、移封後まもない慶長三〜四年の間であった、ということになりそうである。なお、この移転のとき、新しい「本誓寺屋敷」代替地の宛行《あてがい》を役人に指示した、堀氏老臣連署書状の原本は、いまも本誓寺に根本史料として伝存している。

慶長五年福島城築城説

次いで中沢氏は、この「由緒鑑」のいう慶長五年福島築城（春日山廃城）説に注目して、それに関連する有力な傍証をいくつもあげていた。

その一は、福島城の建設現場に砂利や石を運んで、馬六疋・人足八人分の駄賃を受け取った、慶長五年極月《ごくげつ》（十二月）二十七日付の、駄賃請取状(9)である。

その二は、同じ五年に春日山城内の春日社を福島に分祀した、という、春日神社明細帳の記事[10]である。

その三は、寺町の日吉神社の由緒で、日吉神社の本社は、もともと福島の地主神であったので、慶長五年の福島築城のときも、そのまま現地に鎮座し「福島城祖神」といわれた、と伝えていた、という。

つまり、右の中沢説によれば、春日山城の「山城停止」令を機とした、新しい福島築城の開始は、『越後野志』などによる、通説の慶長十二年より七年も早く、少なくとも同五年には遡り、その発令はもっと早かった可能性がある、というのである。

さて「越後本誓寺由緒鑑」の先の記事は、ありふれた寺の由緒や伝承のように見えるが、そうはいえないようである。というのは、当の本誓寺自身が、山城停止・福島築城のいわば犠牲になって、もと海辺の福島の地にあった広大な寺の境内地から、山寄りの一町四方という狭い地に、強制退去させられた、いわば被害当事者であった。このことからすれば、その証言の信憑性は、それなりに高いものがある、とみられるからである。

ことに、先にみた「山城停止にあいなり候よし、新城出来候迄は、これまでの居城（春日山城）に住居これあり候、然る所、慶長五子年……」という文言は、堀秀治が本誓寺賢乗に福島退去を説得した背後の事情を、本誓寺側で詳しく書き留めたものとみられるので、相応の信頼がおけるもの、とみてよいであろう。

なお、この山城停止の伝承については、ごく最近に完結した上越市史編纂の一環として、中世部会の積極的な調査によって、『越後野志』によく似た、二つの新たな傍証が地元から発掘された。同部会のご好意によって、ここに紹介しよう。

その一つは、「伊藤三十郎　御代々記録」にみえる、「堀久太郎秀次（秀治）、天下一統ニ山城御停止ニ而、春日山城、福嶋江移ス」という記事である。この「御代々記録」は、福島城の地元にごく近い直江津今町で、江戸時代に大肝煎《きもいり》を務めたという福永家に伝わった、地元の伝承である。(11)

もう一つは、『越後野志』より成立の少し古い「天下一統山城御停止にて、春日山城、福嶋へ移転す」という所伝で、本誓寺が移転した先の、高田町で大年寄を務めた、森家に伝わった記録の一部である。(12)

ことに注目されるのは、本誓寺の寺伝（「由緒鑑」）には、ただ「山城停止」とあっただけなのに、この江戸時代の二つの記録と、先の地誌『越後野志』の、合わせて三つの傍証は、ともに「天下一統山城（御）停止」と、表現がひどく大げさで、よく似ていることである。

つまり、この「山城停止令」は、春日山城だけへの個別指令ではなく、「天下一統」つまり全国的な指令であったように書いているのが、ひときわ目をひく。

上越市史の新出資料は、どちらも廃城の年次を明記していないが、いずれにせよ、春日山城は全国的な規模（天下一統）の「山城停止令」によって、近世の初期に廃城になったという伝承が、江戸時代の直江津や高田では、よく知られていたことは明らかである。

下野横倉城・唐沢山城の伝承

次いで②は、下野《しもつけ》宇都宮氏の家臣であった横倉氏のいた横倉城である。[13] 慶長二年（一五九七）に、「山城廃止令」によって廃城となり、横倉氏は城を出て地元に土着した、という。[14] 春日山の「山城停止令」よりも発令が少し早く、「山城廃止令」と呼び名は違うが、類似の表記による伝承として、やはり見逃せない情報の一つである。

次いで、③下野の唐沢山城（標高二四七メートル、栃木県佐野市富士町）も、「山城停止令」によって廃城になったと、同じ『越後野志』古城址の項にみえていた。

さらに、城主佐野信吉が関東屈指の天険といわれた下野の唐沢山城から、平城の春日岡城に移された理由の一説に、「慶長四年ニ、江戸二十里四方ニ、山城御法度ニ仰付ラル」という所伝がある、という。[15]

しかし、加藤隆氏『幕藩体制と城郭』[16]は、この「山城御法度」の所伝に注目しつつも、きわめて興味深い説だが、確証はなく信憑性に乏しい、と慎重で、真偽のほどはわからず「幻の法度」だと、むしろ否定的にとらえられている、という。

なお『唐沢軍記』[17]には、慶長三年頃の逸話として、こう伝えている。あるとき、高い山の頂にある唐沢山城から、江戸城の火災がよく見えたので、城主の佐野信吉が自ら早馬を駆って、家康の下に馳せ参じたところ、かえって家康の機嫌を損じ、「われはこの日本国の領主たるに、御辺の居城、高山然るべからず、平地へ下り候へ」と命令された。そのため、高山の唐沢山城を引き払って、平地の天明の春日岡に移ることにし、同四年末には移転を終えた、というのである。

つい最近も渡辺昌樹氏が、唐沢山城は慶長四年に家康の「山城停止令」によって廃城になり、平地の佐野の街へ移転したと伝えられると、この所伝に留意しているが[18]、ただ、その出典は明らかではない。

なお、この下野の唐沢山城から、佐野（天明春日岡）城への移転の年次に関しては、新たな情報がある[19]。元和九年（一六二三）三月付の「御林境改之帳」と題する「覚」に、「慶長五年ニ天明へ御所替《ところがえ》遊ばさる」とか、「慶長五年ニ所替仰せ付けらる」とか、「佐野御代、慶長五年、春日山御普請の節」などの記事がみえている、という[20]。

だから、下野唐沢山城に関する、「山城停止令」の発令時期を、佐野移転の前の年の慶長四年とする所伝（慶長四年に江戸二十里四方に山城御法度に仰せ付けらる）にも、かなり確かな根拠があるように思われる[21]、というのである。

上野箕輪城の伝承

④なお、家康の命令によって、上野《こうずけ》箕輪城十二万石の井伊直政が、慶長三年に平城の和田（高崎）城（群馬県高崎市）へ移ったのも、「山城停止令」の類例かも知れない、という[22]。

陸奥赤館城の伝承

⑤次は、陸奥《むつ》の寺山城・羽黒城などと同じ、高野郡にある赤館城（福島県東白川郡棚倉町）についての伝承である。「棚倉往古由来記　全」第五巻に、寛永十六年（一六三九）正月の記事として、こう記されている。(23)

赤館城は永禄三年（一五六〇）に白川結城義親によって築かれ、のち天正十九年（一五九一）に、秀吉の関東下向に乗じた、常陸の佐竹義宣《よしのぶ》に奪われ、佐竹方の城代が置かれたが、「慶長二酉年正月、山城御停止仰せ出だされ、五ケ年麓住居」となり、次いで慶長七年に「義宣公羽州秋田へ御所替以後、赤館破却す」という。

慶長二年（一五九七）正月に（時期からみて豊臣秀吉の）「山城御停止」令が出されたため、佐竹氏の赤館城代は城を出て、麓の平地に住居したが、やがて同七年の佐竹氏の出羽への国替に伴って、赤館城は破却された、というのである。

東北地方での「山城停止令」の伝承は、いまのところ、これが私の唯一の所見である。ここでは、「山城御停止」と「破却」（城破）とが、峻別されているのも、山城停止と城破はもともと別であったことを示唆するものとして、ことに注目される。

なお、城破といえば、右に関連して、秀吉が命じた山城の破却と執行の例（七月廿八日付、佐竹義宣書状、赤坂下総守宛）を、あげておきたい。(24)

今日廿八うへさま（上様、豊臣秀吉）より仰せ出さるごとくんば、寺山（寺山城）・はくろ（羽黒城）はきやく（破却）申べきよしにて、御けんし（検使）を遣わさるべきよし候、其地（赤坂城）なとも、定めてはきやくたるべく候、其したく（支度）候べく候、心へ（心得）のために申し届け候、はやく其方人そく（人足）をもつて、はきやく（破却）候て、いつものごとく、おりられしかるべく候、

この年次は、内容と月日からみて、おそらく、秀吉が宇都宮に進駐した、天正十八年とみられる。このとき常陸の大名佐竹義宣が、その家来の赤坂下総守に、「上様」（豊臣秀吉）の検使の監督のもとで、寺山城と羽黒城の「破却」を執行するよう命じられたことを伝え、さらに寺山城の北東に近接する赤坂氏自身の赤坂城も、同じく破却の対象になるであろうことを伝え、早く自分の人足をもって破却し、城から下りるよう、指示したものである。「下りられ、しかるべく」というのは、「城破令」というよりは、後に述べる「下城令《げじょう》」のようにもみえて、注目される。

小田原北条氏を滅ぼした直後の豊臣秀吉が、下野の宇都宮に進駐し、北関東諸大名の領域を確定するのに伴って、結城《ゆうき》白河領と佐竹領の境界領域（福島県東白川郡棚倉町〜鮫川村）の山間、久慈川上流域に連なる、寺山・羽黒・赤坂の三つの山城群が、破却の対象にされたものとみられる。このうち赤坂城の破却の場合は、「秀吉令」というより大名側の自己規制のようにもみえる。

この場合は、秀吉の「山城破却令」といっても、あくまでも個別の領域での特定の城破指令にすぎず、広域的な「山城停止令」の一環ではない。しかし、諸大名領の境界領域に連なる複数の山城

が、平和の実現する過程で、秀吉の指示で直ちに破却の対象とされているのは、秀吉の「山城停止令」が打ち出される背後のねらいをしのばせて、興味を引かれるからである。このような事例は、日本各地におそらく数多くみられたのであろう。

下野多気山城移転の理由

⑥なお、次は山城停止の伝承というよりは、史実の背景についての洞察である。下野宇都宮氏の多気山城から宇都宮城への移転について、宇都宮氏は対北条氏対策などから、天正十三年（一五八五）八月に平城の宇都宮城から、北西約九キロの山城多気山城に本拠を移すが、秀吉の関東制圧直後の天正十八年九月下旬までには、平城の宇都宮城にもどっている、という[25]。

それに先立つ同年七月二十八日に、秀吉が徳川家康にあてて、「今日廿八、宇都宮に到来……此国の儀、佐竹・宇都宮ならびに家来者共、多賀谷・水谷足弱差し上げ、入らざる城は破却仰せ付けられ候[26]」と報じている。

この「入らざる城は破却」令直後に、宇都宮氏が山城から平城へ移転し復帰しているという史実をみると、この「入らざる城は破却」令という北関東での「城破令」は、「いらざる城」一般を対象としていたというよりは、「山城停止令」を核心とするものであった可能性も考えられる、という。

2　西国の山城停止の伝承

備後権現山城の伝承

⑦は、備後（広島県）の「木梨先祖由来書」に、次のような記事がみえている、という。(27)

（木梨）元恒武威次第にさかんにして、所領も増しける故、天正十二甲申歳、木梨より尾之道の権現山え城替せられける、則ち元恒は此城にて病死仕《つかまつ》り、嫡子広盛家督を相続す、然る所に、天正十九年卯歳、太閤（閤）公より、諸国の地頭等山城御停止成られける故、広盛木梨え帰り、平地に住宅仕り候、

つまり、備後尾道の権現山城（標高一〇六メートル、比高一〇〇メートル）は、天正十九年（一五九一）に太閤（秀吉）から「諸国の地頭等、山城御停止」令が出されたため、木梨（杉原）広盛は、進出して間もない権現山（千光寺山）の山城を撤収して、もとの木梨（鷲尾山城＝釈迦ケ峰城、尾道市木ノ庄町木梨）にもどり、麓の館（平地の住宅）に住むことになった、というのである。

「山城停止令」は、「諸国の地頭等山城御停止」とあることからみると、この備後の権現山城だけ

でなく、「諸国」の地頭〈領主〉たちの山城にも出された、「諸国の地頭等山城御停止」令ともいうべきものであった、とあるのがひときわ目を引く。

なお、備後の近世の地誌である『西備名区』[28]の巻七十七・御調郡の章を参照すると、権現山城・杉原宮内大輔広盛の項に、

元経の男。天正十九年、太閤より山城御停止によつて、本城木梨鷲城の麓に城をかまへ、かへり移る。

と伝えている、という[29]。「諸国の地頭等山城御停止」とはちがうが、「太閤より山城御停止」の文言と、発令年次が共通しているから、あるいは「木梨先祖由来書」と、原出典が共通しているのかもしれない。「山城御停止」令が出たという伝えは、越後のほか備後でも、江戸時代にはよく知られていたことになる。

これらの報にあいついで接した私は、ふと思い立って、全国の城郭の情報を集大成した『日本城郭大系』13[30]によって、広島・岡山編の解説を調べてみた。すると、右の権現山城や鷲尾山城の項には、秀吉の「山城停止令」によって廃城となった、と何気なく、あっさりと記されていた。これらの伝承は、広島県や岡山県の中世城郭研究者たちの間では、早くからよく知られていたことになる。

備後九鬼城の伝承

⑧また備後志摩利の馬屋原氏の本拠であった、九鬼城[31]についても、『日本城郭大系』13の解説に「天正年間（一五七三〜九二）には、豊臣秀吉による山城廃止令で廃城となり、馬屋原氏も小畠盆地北側にある固屋城《こや》（広島県神石郡神石高原町）の山麓に屋敷を構えて移ることになった」と、さりげなく記されている。固屋城を下りて、その山麓に屋敷を構えて移った、というのである。

なお『西備名区』[32]の九鬼山城の馬屋原備前守春時の項にも、「天正年中、元正が時に、太閤秀吉公より諸国山城御停止」によって、「諸城、山下に屋鋪《やしき》を構え住む」ことになり、馬屋原氏も小畠村固屋城の麓に屋敷を構えたとある。

この「諸国山城御停止」によって、「諸城、山下に屋鋪を構え住む」という、広く一般的な事実を述べた記事は、まことに重要である。

右の⑦や⑧の解説は、あるいは共通して『西備名区』によったのか。このときの指令が、「諸国の地頭等山城御停止」令とか、「諸国山城御停止」令と呼ばれ、対象は広く「諸国山城」「諸国の地頭等の山城」に及んだとあるのが、あの春日山城の伝承にあった「天下一統山城停止」を思い出させて、あらためて注目されるからである。

備後相方城の伝承

⑨備後有地氏の相方城《さかた》[33]についても、『日本城郭大系』13の解説には「天正十六年、豊臣秀吉の諸

国山城御停止の命により廃城となった」とある。これも原出典はわからないが、『西備名区』の巻五十・芦田郡の、左賀田山城・有地民部少輔元盛の項にも、

天正年中、太閤秀吉公より諸国山城停止によつて、各下城す。時に有地、左賀田山をひらき、品治郡宮内に居住す、

とみえている。[34]

やはり「山城停止令」は、広く「諸国」の山城を対象とした「秀吉令」で、「諸国山城停止」によって「各の下城」つまり広く諸氏の「山城の停止」が推進され、有地氏は相方山城を下り、平地の品治郡宮内に居住することになった、という。この発令の年次については、天正十六年（一五八八）説と天正年中説とが混在している。『日本城郭大系』13の解説と、原出典が違うのであろうか。

備中茶臼山城・鴨山城の伝承

⑩さらに隣の備中（岡山県）にも、「山城停止令」の伝承があるという。その一つは、備中のうち小田郡東三成村（矢掛町東三成）の茶臼山《ちやうすやま》城である。[35]秀吉が「筑紫陣を催し」たときのこととして、

往還のさはりなれば、山城の記（ママ）を皆々こぼち捨て、平地に御館をつくるべき法度《はっと》を、天正四年（ママ）に仰せ出さる。

とある。(36)

つまり筑紫陣（秀吉の九州出兵）の、軍隊の往来の障害になるからという理由で、多くの山城について、その破却が発令され、そのため、まだ天正九年に縄張したばかりの新築の茶臼山城も、やむなく廃城にして、平地に館をつくって下りた、というのである。

文中に誤記誤植もあるらしいが、この発令は「山城……皆々こぼち捨て、平地に御館をつくるべき法度」で、「山城停止令」はすべての山城を廃棄して、平地に館をつくれ、という秀吉の法度だったと、丁寧に解説しているのが興味をひく。

この発令の年次は天正四年とあるが、「筑紫陣」つまり秀吉の九州攻めといえば、天正十四年（一五八六）四月には、出動体制づくりが本格的に発令されていたから、右の記事も、書写か印刷のさいに、天正十四年の「十」が抜けた、とみれば辻つまが合う。

⑪さらに同じ備中の鴨山城《かもやま》（標高未詳、浅口市鴨方町）も同じ類例である。この城には「築山城之図」と題された、城絵図が伝えられていて、その城図の書き込みの中に、「関白秀吉公、諸国一円の仰せによりて、山上城を用いず、麓に平屋《ひらや》形《かた》を構え座し」た、とある。(37)

その絵図には、かなり急峻な山頂に「山上城」らしい山城の建物がみえ、左の山麓には「平屋形」らしい建物が描かれている。山城の「山上城」から麓の「平屋形」に下りた、というのであろう。発令の年次はないものの、この「山城停止令」も、やはり秀吉の「諸国一円の仰せ」だ、とあるのが注目される。

石見丸山城の伝承

⑫もう一つは、石見《いわみ》の丸山城（島根県邑智郡川本町）の伝承である。『川本町史』は「丸山伝記」を引いて、こう記しているというのである。(38)

小笠原長旌《ながはた》の居城となる丸山城は、三原大丸山築城といわれ、天正十一年（一五八三）初春から、同十三年七月にかけて築かれたが、山口高嶺城や富田月山城《とだがつさん》よりも大きい山城であったため、毛利氏も手をつけられなかった。ところが、「文禄元年辰春、天下より山城御法度、日本国に平城仰せつけらる、その折節、（毛利）輝元幸いに思召され、数万騎を引率して発向《はっこう》」した、という。

つまり、丸山城は難攻不落の大きな山城であったが、文禄元年（一五九二）春に「日本国に平城仰せつけらる」という「天下より山城御法度」が、天下つまり豊臣秀吉によって出されると、ただちにこれを機に、毛利輝元は大軍をもって、この御法度の強制執行にのぞんだ、というのである。

これによって、抵抗する小笠原軍と激戦になったが、ついに城主長旌は「山城御法度なれば、運命たるべし、下城して平城を築く間なし、この上は落ち行くべし」といって、出雲神宮の知行地に逃れ、丸山城が落城したのは、文禄元年四月十七日のことであった、ともいう。

「丸山伝記」の史料的な確かさは明らかではないが、「下城して平城を築く」ことを要求する「天下より山城御法度」が出たという伝承は、先に紹介した諸例とも、事情がじつによく似ており、私が山陰の石見で知りえた伝承の初見として、とくに留意しておきたい。

肥前岸嶽城の伝承

⑬次は、九州のうち肥前（佐賀県）の波多氏が岸嶽城《きしだけ》(39)から、すぐ近くの田中城に移転した事情を語る伝承である。「松浦昔鑑(40)」は、波多氏の「田中之城」について、「三州公脇城なり、田中にあり、秀吉公御時代、所々山城御法度に成され申候に付き、以後の居城なり」と記している、という。

平安末の築城と伝えられる波多三河守親の岸嶽城は、標高三二〇メートル、比高三一四メートルという山城であったが、秀吉の命令によって、ここから二キロほどのところにある、もと波多氏の脇城であった平城の田中城に移転した、というのである。

その年次は、明記されないが、もしこの伝承が事実とすれば、天正十六年（一五八八）の秀吉への服属から、文禄二年（一五九三）五月の改易までの間に、九州の肥前でも、秀吉によって「所々山城御法度」が出されていたことになる。この所伝は、石見の「天下より山城御法度」とも、表現がよく似ている。

なお、慶長七年（一六〇二）にはじまる寺沢広高の唐津築城のさいには、この田中の地に仮城が置かれたといわれる。波多氏の田中城がその基礎になったものか。また、現存する岸嶽城跡は、のちに寺沢氏により大改修されたものであり、その縄張については、木島孝之氏の詳細な追究がある。[41]

安芸郡山城の伝承

⑭最後に、小林清治氏の大著『秀吉権力の形成』[42]は、安芸毛利氏がその本城であった山間の郡山《こおりやま》城（山城）から、海辺の広島城（平城）へ大きく移転した事情に関連して、秀吉が毛利氏に、

今時ハ山城ハ、おり登りも苦労なるものにて候、……海上近き所の平城を、御取立て被成……此処、御居城に然るべからん、

と勧めた、という『川角太閤記《かわすみたいこうき》』の記事を紹介して、この説も一概に否定し去りがたいか、と述べられている。「山城」から「平城」へという、「山城停止令」の趣旨を、じつにわかりやすく伝えていて、興味をひかれる。

3　山城停止と下城

秀吉令の「下城」の意味

ところで、⑩の備中の茶臼山城の「山城停止令」は、天正十四年の九州攻めの折に秀吉が出した法度だ、と伝えていた。これについて、あるいは、と思い当たる「秀吉令」がある。

それは、(天正十四年)四月十日付で、九州進攻の体制づくりにともなって、毛利輝元に宛てた、秀吉朱印の「覚」十四カ条の指示である。(43)

その冒頭の二カ条に、

一、分国の置目、此の節、申し付くべき事、

一、簡要の城、堅固に申し付け、其の外、下城の事、

と明記されているのが、それである。

この秀吉の政令は、冒頭に「分国の置目《おきめ》」、つまり大名ごとに領域の厳しい統御を求め、次いで第二条に「こんどの作戦に拠点となる肝要な城は、その修築整備を堅固に申し付けること」を指示

するとともに、あわせて「其の外、下城の事」を命じている。「簡要の城」か否かの判断は、各大名に委ねられていたらしい。

いま注目したいのは、この第二条末尾である。「其の外、下城の事」の意味は、先にみた⑨の『西備名区』巻五十の相方城の項に「天正年中、太閤秀吉公より諸国山城停止によつて、各下城す」とあったのを思い出させる(44)。

この⑨には、山城停止と「下城」の関係がじつに端的に示されている。「下城」というのは、具体的には、⑪備中鴨山城にいう「山上城を用いず、麓に平屋形を構え」る、というのと同じことを指していることになる。

さらにいえば、「下城」が特別に「簡要な城」を「堅固に申し付」けるのと対になった、逆の意味の指令であることからみれば、「其の外」の「簡要な城」でない城の「下城」というのは、ごく一部の拠点城郭を除いた、一般の山城の廃城を意味したことは確実である。しかし、下城とあるのみで、城破《しろわり》とは明記されていないところに、注目する必要がある。

この発令の年から、やがて激しい戦場となった、九州各地の多くの城郭だけでなく、豊臣軍の行軍の進路に当たった(戦場ではなかった)中国地方の城郭についても、あらかじめ「簡要の城」以外は、「下城」つまり城を下りて廃城にする、という豊臣の方策が、明らかにされていたことになる。それがもし強行されたとすれば、それが⑨のような「下城」伝承に反映されていた、とみることもできるはずである。

『清良記』が伝える「下城」

この「下城」には、四国にも伝承がある。本書四章「戦場の村の記憶」（115頁）で詳述した伊予の宇和地方の戦国の軍記『清良記』[45]の巻二十九に、こう伝えている。

伊予が秀吉から毛利方（小早川氏）に与えられると、天正十五（四ヵ）年に「いずれも下城せよとて、その六月末に、城をば追いおろされ、平地に居ける」という措置がとられ、その八月末には、西園寺氏のほか、宇和郡十七郷の城主三十四人のうち、土居清良ら四人だけは「在城」を許され、「その他は一人も残らず下城」させられた、という。

ところがその十月、上方勢の戸田氏の打ち入りが噂されると、これらの「輝元より下城させ置かれける武士ら」は、「前のごとく、持ち分の城々へ取って上り、破損したるへい・矢倉を修繕」する、という抵抗の動きをみせた。

しかし、もともと在城を許されていた土居清良が、自らその大森城[46]から下城して、「かくれ宿」に庵を結んだため、他の武士たちも「ぜひなくまた下城し、代（世カ）にありし時の下屋敷に」戻った。そのため、大きな騒動に至らなかった、という。

この土居氏の大森城というのは、池田誠氏の踏査による縄張図[47]をたよりに、現在の山主である松浦郁郎氏（『清良記』翻刻者）のご案内で、現地を歩いてみると、三間《みま》盆地の中央にある、標高は三一五メートル、比高は一七〇メートルの独立山塊の山頂に、階段状に築かれた、数段の曲輪によって構成され、土塁・石垣・堀切・竪堀などを備えた、池田氏によれば、この地域にはよくあるパターンの山城である、という。

この軍記に描かれた「下城」というのも、城破とは区別されているから、「城をば追いおろされ、平地に居ける」とか、ふたたび「持ち分の城々へ取って上」った城主たちも、城を下りて「下屋敷」に住みついたというのも、右の石見でみた「下城して平城を築く」ことを内容とした、「天下より山城御法度」の発動と、その実態は同じであったにちがいない。

先にみた通り、天正十四年四月、秀吉は毛利氏に宛てて「簡要の城、堅固に申し付け、其の外、下城の事」と指令していた。伊予で毛利氏のとった、西園寺氏・土居氏ら四人は「在城」、そのほか三十人はすべて「下城」という措置は、この指令の趣旨ともよく照応している。

なお、小林清治氏は、先の秀吉の天正十四年令にみえる「下城」というのは、城破のことだと論断している。ただ『日葡辞書』には、「下城《げじょう》」を「城から下ること、または、降参して敵に城を引き渡すこと」とあり、城破の意味を載せていない。

『上井覚兼日記』にみる「下城」

ほかに下城の語例を、用例の多い『上井《うわい》覚兼《かくけん》日記』によって、以下の〔1〕～〔3〕に例示すると、

〔1〕河辺（平田宗張）と鹿児（島津忠長）六《む》ケ《つか》敷《しき》事候、……それより、平田新左衛門尉（平田宗

張）殿、下城候、……

〔2〕（合志）親重慮外《りょがい》の儀、世上の風聞に候、……合志下城させられべき為、新納右衛門佐・稲富新介……指し遣わされ候、……何事なく下城候由、注進候、

〔3〕筑前表、宝満も下城の由に候、しかれば彼表の事、近々御隙明《おんひまあく》べく候か、

というようにみえる。

ここで下城というのは、大名島津氏と敵対した城将の退城を意味していたことが明らかである。つまり、敵意を捨て、自分の城を下りて、恭順の意を表すのが下城で、この下城には、先の『日葡辞書』と同じく、城破という意味は、まったく含意されていないことに注目したい。

おわりに

以上は、多くの方々から、思いもかけない数多くのご教示をいただいて、これまで私の知ることのできた、山城停止令の伝承のあらましである。情報を寄せられた各位に、あらためて厚くお礼を申し上げたい。

最後に、これらの情報について、その異同をまとめてみよう。

秀吉・家康令の伝承

まず、山城停止令の発令年次や発令者をみよう。

東日本で知りえた例では、①の越後春日山城の「山城停止令」は、慶長三～五年ころの秀吉令か家康令らしく、「天下一統山城停止」の伝承をもつ。越後春日山城だけの個別法ではない、というのが伝承の焦点である。②の下野横倉城は、慶長二年の「秀吉令」と伝え、③の下野唐沢山城は、慶長三～四年の「家康令」と伝えている。④の上野箕輪城は、慶長三年の「家康令」とみられる。⑤の陸奥赤館城は、慶長二年の「秀吉令」とみられる。

これらによれば、東国の「山城停止令」の流れは、秀吉令にはじまり、家康令に継承された、という形跡がうかがわれる。

西日本では、どの例も、秀吉の「諸国」に出した「山城停止令」だ、と伝えている。⑦備後木梨氏の権現山城は、秀吉が天正十九年（一五九一）に出した「諸国の地頭等山城御停止」令であったといい、⑧備後馬屋原氏の九鬼城も、天正年中に秀吉が出した「諸国山城御停止」令であったといい、⑨備後有地氏の相方城も、天正十六年に秀吉が「諸国山城停止」令を出したという。⑩備中の茶臼山城は天正十四年に秀吉が出した「山城……を皆々こぼち捨て、平地に御館をつくるべき法度」だったといい、⑪備中鴨山城も年次は不明ながら、やはり「山上城を用いず」という趣旨の「諸国一円」の「秀吉令」だった、と伝えている。

以上はどれも、①の「天下一統山城停止」令の伝承とそっくりである。⑫の石見丸山城は文禄元年だから、「秀吉令」であろう。⑬の肥前岸嶽城も秀吉令とみてよいであろう。⑭の安芸郡山城の伝承も、「秀吉令」だと語られている。

つまり、中国地方の「山城停止令」は、どれもみな秀吉の指令だとされ、東日本の伝承は、秀吉から家康への継承をうかがわせていることになる。

これらの伝承の集まり具合からみる限り、「山城停止令」というのは、基本的には、あたかも「惣無事令《そうぶじ》」の発動された、天正十四年ころから、秀吉の統一過程にしたがって、しだいに「諸国一円」「天下一統」に及ぼされた法度であり、徳川家康もそれを受け継いだらしい、という大まかな展望になりそうである。

いずれにせよ「諸国一円」というのは、春日山廃城の伝承にあった「天下一統」と同じことで、「山城停止令」は一貫した全国法令であったことを、重ねて示唆している。

「山城停止令」は「一国一城令」か

全国に数万ともいわれた戦国期の山城が、近世初頭までにほとんど廃れていった理由は、領主の敗戦や滅亡、休戦や平和、移封や改易による廃棄など、おそらく、それぞれに様々であろう。

すべてが、よく知られた「城破令」や「一国一城令」によって、いっせいに破却され、廃絶されたとみるよりは、むしろ、秀吉による天下の築城権の剝奪によって、山城の存立の根拠そのものが否定され、平地の館に移転するという過程をたどって、秀吉から徳川への全国統一の中で、次第に廃れていったとみる方が、より自然であり、また歴史事実にも近いのではあるまいか。

なお、『日本城郭大系』全巻をざっとみても、先にみたような「山城停止」という廃城の伝承をはっきり記すのは、先の第13巻（広島・岡山編）だけのようである。ほかの巻には、①の越後春日山城にも、③の下野唐沢山城にも、そのような解説はまったくない。また近年の城郭研究の結晶といえる『図説中世城郭事典』（全三巻）も、「山城停止令」には触れるところはない。

私の知るところでは、大類伸監修『日本城郭事典』[48]が、とくに「山城禁止令」を立項しているのが、おそらくただ一つの例であろうが、わざわざ「山城禁止令」を立項しながら、これは「元和の一国一城令」の別称だと、ごく常識的に説明されているにすぎないのは、惜しまれることであった。これまで、数万ともいう山城の運命は、すべて「元和の一国一城令」によって語られてきたことがよくわかる。

個々の城歴をたどってみても、それぞれの中世の山城がいつ廃れたか、はっきりしていないものも多く、確かな根拠もなしに、ただ何となく「元和の一国一城令」に結びつけて、廃城の時期が語られている例も、少なくない、というのが現実ではあるまいか。

こうした事情からみると、いまのところ「山城停止令」というのは、信頼できる原文書には、まだ一つも確認されず、近世のごく一部の地誌や系譜類に姿をみせるだけである。

それだけに、仮に各地に山城停止の伝承があっても、城郭研究者たちの慎重な史料批判によって、厳しく退けられ、埋もれたままになっている例も、まだあるのではないか、と思われてくる。

たとえば、保角里志『南出羽の城』によれば、山城であった出羽（山形県）の長谷堂城・大山城（大浦城）・楯岡《たておか》城では、慶長五年（一六〇〇）の出羽合戦後、城主が替わり、「山城は停止され、山麓に平屋形をつくった」と説明されている。[49] また、近世史家の白川部達夫氏によれば、武蔵多摩郡中野郷の堀江氏は、「戦国期までは山城と称する村からやや離れた場所に居館を構えていたが、近世では青梅街道沿いに居宅を移し」た、と語られている。[50]

加藤隆氏は「山城停止令」を「幻の法度」と断定されたが、右のような事例を見ると、どうやら、城破の歴史をめぐるナゾ解きの楽しみは、まだまだ残されていそうである。

もし、これからも、大方のお力添えをいただいて、埋もれた「山城停止令」の伝承の掘り起こしが進めば、「戦争」の中世から「平和」の近世へという、日本の大きな転換期にあった、無数の戦国の山城の終末を語る歴史像は、もっと豊かになりそうな予感がしている。

〔注〕

一　土一揆と村の暴力

(1)須田努『「悪党」の一九世紀―民衆運動の変質と〝近代移行期〟』青木書店、二〇〇二年。
(2)趙景達氏による須田努著書（注1）の「書評」。『歴史評論』六四五号に所収、二〇〇四年。
(3)神田千里「土一揆像の再検討」『史学雑誌』一一〇編―三号、二〇〇一年。
(4)村田修三「惣と土一揆」『岩波講座日本歴史』7、一九七六年。
(5)脇田晴子『室町時代』（中公新書）、一九八五年。
(6)神田千里『戦国乱世を生きる力』（『日本の歴史』11）、中央公論新社、二〇〇二年。
(7)①増補版は、藤木久志「増補：日本中世における日損・水損・風損・虫損・飢饉・疫病に関する情報」外園豊基編『日本中世における民衆の戦争と平和』所収、早稲田大学教育学部、二〇〇三年。②初版は、藤木「日本中世における日損・水損・虫損・旱魃・飢饉・疫病に関する情報」佐々木潤之介編『日本中世後期・近世初期における飢饉と戦争の研究』所収、早稲田大学教育学部、二〇〇〇年。なお、本書に付した「戦国期の災害年表」は、以上のデータベースを簡略化したものである。
(8)①藤木久志「応仁の乱のキーワード」『一冊の本』朝日新聞社、一九九七年。②同「応仁の乱の底流に生きる」『ものがたり日本列島に生きた人たち』4、岩波書店、二〇〇〇年。③同『飢餓と戦争の戦国を行く』（朝日選書、二〇〇一年）の第二章として、前掲②を改訂して収録。
(9)注（7）の②参照。
(10)以下は注（8）の③前掲書第二章の趣旨の要約である。
(11)①藤木久志『豊臣平和令と戦国社会』東京大学出版会、一九八五年。②同『雑兵たちの戦場』朝日新聞社、一九九五年、のち『新版　雑兵たちの戦場』（朝日選書）、二〇〇五年。③同『村と領主の戦国世界』東京大学出版会、一九九七年。④同『増補　戦国の作法』（平凡社ライブラリー）、一九九八年。
(12)注（7）の①を参照。現在はさらに一〇〇〇項目余を増補中。
(13)桜井邦朋『夏が来なかった時代』（歴史文化ライブラリー一六一）、吉川弘文館、二〇〇三年。多くの図表を駆使して、①〜③の画期について、くり返し説明されていて、まことに魅力的であるが、残念ながら、その根拠については明記されていない。

(14)「蔭涼軒日録」。
(15)「看聞日記」。
(16)東島誠「前近代京都における公共負担構造の転換」『歴史学研究』六四九、一九九三年。
(17)「看聞日記」。
(18)ニコル・ゴンティエ著、藤田朋久・藤田ちな子訳『中世都市と暴力』白水社、一九九九年。
(19)「東寺執行日記」。
(20)「建内記」。
(21)「大乗院日記目録」。
(22)「廿一口方評定引付」。
(23)「続史愚抄」。
(24)「薩戒記目録」。
(25)「社頭之諸日記」、「大乗院日記目録」。
(26)「古記部類」。
(27)「東寺百合文書」、「薩戒記目録」。
(28)松田素二「実践暴力の行方」『暴力の文化人類学』京都大学出版会、一九九八年。
(29)「本福寺跡書」。本書二章「一向一揆と飢饉・戦争」を参照。
(30)鈴木良一『応仁の乱』(岩波新書)、一九七三年。
(31)「建内記」。
(32)「建内記」。
(33)勝俣鎮夫『一揆』(岩波新書)、一九八二年。
(34)「臥雲日件録抜尤」。
(35)「康富記」、「仁和寺文書」。

(36)「大乗院日記目録」。
(37)「康富記」。
(38)「経覚私要鈔」、「蔭涼軒日録」。
(39)「碧山日録」。
(40)「大乗院寺社雑事記」。
(41)「大乗院寺社雑事記」。
(42)「大乗院寺社雑事記」。
(43)「後法興院政家記」。
(44)「大乗院寺社雑事記」。
(45)「大乗院寺社雑事記」。
(46)村田修三、注(4)前掲書を参照。
(47)「大乗院寺社雑事記」。
(48)永島福太郎『応仁の乱』至文堂、一九六七年。
(49)「大乗院寺社雑事記」。
(50)ヴァルター・ベンヤミン著、野村修編訳『暴力批判論』(岩波文庫)、一九九四年。
(51)「大乗院寺社雑事記」。
(52)「応仁記」。
(53)鈴木良一、注(30)前掲書を参照。
(54)永原慶二『下剋上の時代』(『日本の歴史』10)、中央公論社、一九六五年。
(55)村田修三、注(4)前掲書を参照。
(56)「蔭涼軒日録」。
(57)藤木久志、注(11)の①~④を参照。
(58)稲葉継陽「中・近世移行期の村落フェーデと平和」『紛争と訴訟の文化史』(シリーズ「歴史学の現在」2)、青木書店、二〇〇〇年。

(59)服部良久「中・近世ティロル農村社会における紛争・紛争解決と共同体」『京都大学文学部紀要』41、二〇〇二年。
(60)「王子神社文書」。
(61)「政基公旅引付」。
(62)「今堀日吉神社文書」。
(63)「雨森文書」。
(64)「居初庫太氏所蔵文書」。
(65)「岡家文書」。
(66)「看聞日記」。
(67)「満済准后日記」。
(68)「菅浦文書」一一二。
(69)「菅浦文書」六二八。
(70)注(50)前掲書を参照。
(71)「歴史の中の暴力と秩序」歴史学研究大会、合同部会の全体討議における佐久間弘展氏の発言。『歴史学研究』七四二、二〇〇〇年。
(72)以上、「安治区有文書」。
(73)サイモン・ロバーツ著、千葉正士監訳『秩序と紛争』西田書院、一九八二年。
(74)「多聞院日記」。
(75)「岡本俊二文書」。
(76)「人見惣一氏所蔵文書」。
(77)「済民草書」(寛政七年=一七九五)。
(78)藤木久志、注(11)の④前掲書を参照。
(79)ルネ=ジラール著、吉田幸男訳『暴力と聖なるもの』法政大学出版局、一九九二年。
(80)松田素二、注(28)前掲論文を参照。

（81）「御当家令条」三三一。

（82）「多聞院日記」。

（83）藤木久志『刀狩り』（岩波新書）、二〇〇五年。

（84）藤木久志、注（11）の②前掲書を参照。

（85）注（83）前掲書参照。

（86）以上、藤木、注（11）の①前掲書を参照。

二　一向一揆と飢饉・戦争

（1）最新の飢饉研究の動向については、藤木久志「生命維持の習俗三題」（『遥かなる中世』14、東京大学中世史研究会、一九九五年）・同『雑兵たちの戦場』（朝日新聞社、一九九五年）・峰岸純夫「自然環境と生産方からみた中世史の時期区分」（『日本史研究』四〇〇、一九九五年）参照。

（2）藤木久志『飢餓と戦争の戦国を行く』（朝日選書）、二〇〇一年。

（3）藤木久志『新版　雑兵たちの戦場』（朝日選書）、二〇〇五年。

（4）以下参照の便宜のため、「本福寺跡書」は井上鋭夫編「本福寺跡書」（『日本思想大系』17「蓮如・一向一揆」岩波書店、一九七二年）の頁数を、本文中に注記する。また「本福寺由来記」は、『本福寺旧記』（千葉乗隆編『本福寺旧記』影印本、同朋舎出版、一九八〇年）による。

（5）井上鋭夫「跡書」補注「御勘気三度」、注（4）前掲書『日本思想大系』17、五四八〜五四九頁参照。

（6）網野善彦『続・日本の歴史をよみなおす』（筑摩書房、一九九六年、六七頁）は、「重い手はなし」に注目し、「商人や工人を、農人よりも高く評価する姿勢」と指摘している。

（7）『群書類従』三七五。芳賀幸四郎「足利義政」の項（『国史大辞典』吉川弘文館）。なお藤木、注（3）前掲書二二八頁参照。

（8）金龍静「加賀一向一揆の形成過程」『歴史学研究』四三六、一九七六年。神田千里『信長と石山合戦』（吉川弘文館、一九九五年）五一〜五六頁参照。以下、引用史料出典、「諸国土一キ」は「尋尊大僧正記」一九三、「大乗院寺社雑事記」一二、八〇頁。①『宜胤卿記』一二六頁、永正三年七月廿一日条。②『実隆公記』四下、六四〇頁、永正三年十月廿一日条。③〈永正三年ヵ〉霜月十一月常仙書状「鹿王院文書」『富山県史』資料編中世一二〇三、七六四頁。④「東寺光明講過去帳」東京大学史料編纂所謄写本『越佐史料』三、四八〇頁。⑤「東寺過去帳」(巻子装写本、東京大学史料編纂所架蔵、裏側に年次・人名など注記。⑥室山孝「〈永光寺/所蔵〉永光寺年代記について」『加能史料研究』2、一九八六年。⑦同「安楽山産福禅寺年代記について」『加能地域史』11、一九八六年。

(9)「赤城山神社年代記」(峰岸純夫氏のご教示による)。勝山村史編さん室編『勝山記』影印本。会津坂下町史編さん室編『会津塔寺長帳』影印本。「塩山向嶽禅菴小年代記」『甲斐戦国史料叢書』1。

(10)①内閣文庫影印叢刊「譜牒余録」中、三六頁。②川越市「蓮馨寺保管文書」。③島原市「本光寺文書」四。以上は新行紀一「一向一揆と徳政令」(『中世社会と一揆』吉川弘文館、一九八五年、三三一〜三三三頁)に学んだ。「参州一向宗乱記」は、注(4)前掲『日本思想大系』17、二七九〜二八〇頁。なお、今川氏の敵方債務破棄策は『静岡県史』資料編7、一八五七、二一三一等。

(11)①加賀「産福寺年代記」・能登「永光寺年代記」・甲斐「勝山記」。②甲斐「勝山記」・常陸「和光院和漢合運」。なお、戦争と飢餓状況との根深い関連性については、私の構想と分析を、注(3)前掲書『新版雑兵たちの戦場』で詳しく述べた。

(12)井上鋭夫・大桑斉校注「官地論」、注(4)前掲『日本思想大系』17。

(13)「結城氏新法度」『中世政治思想史』上(日本思想大系新装版)岩波新書、一九九四年。上田憲定朱印制札(『武州文書』十四『東松山市史』資料編二、五五七頁)。上杉謙信も敵地で川舟奪取作戦を命じて「夜わざ鍛錬の者を差越」せ、と指示していた(天正二年四月四日書状、「林文書」『茨城県史料』中世Ⅳ、三九三頁)。

(14)以上、岩沢愿彦・奥野高広校注『信長公記』(角川文庫版、一九六九年)、一九五〜一九六頁。伴五十嗣郎・磯田活司編『越前国相越記』(『福井市立郷土歴史博物館報』復刊一号)。なお、注(3)前掲書を参照。

(15)「塵芥集」(注(13)前掲『中世政治思想史』上、二二三六頁)。この箇条は、検断の暴力と戦場の略奪の類似性を示す重要な傍証(注(3)前掲書七九〜八三頁参照)。

(16)「石見牧家文書」(岸田裕之・長谷川博史編『岡山県地域の戦国時代史研究』一一一頁)。
(17)「貝塚御座所日記」(『続真宗大系』16、六五頁以下、『石山本願寺日記』下)参照。
(18)藤木久志「村の隠物・預物」『ことばの文化史』中世1(平凡社、一九八八年)九五〜一一六頁。注(3)前掲書の第Ⅲ章参照。
(19)「樵談治要」四三頁、「足がるといふ物ながく停止せらるべき事」(『新校群書類従』二一、雑部三)、「応仁記」(『新校群書類従』合戦部一、二七一、二七五頁)参照。

三　戦国の村の退転

(1)佐脇栄智『神奈川県史』通史編中世、一九八一年。
(2)天正二年、武田勝頼書状、「滝口文書」。
(3)年未詳、楽西書状、「金沢文庫古文書」。
(4)黒田基樹「一五〜一七世紀における『村の成り立ち』と地域社会」『歴史学研究』七八一、二〇〇三年。
(5)藤木久志「増補:日本中世における日損・水損・風損・虫損・飢饉・疫病に関する情報」外園豊基編『日本中世における民衆の戦争と平和』所収、早稲田大学教育学部、二〇〇三年。
(6)加唐興三郎編『日本陰陽暦日対照表』下巻、ニットー、一九九三年。
(7)「上原文書」『戦国遺文』後北条氏編二二六。以下『遺文』と略記する。
(8)「勝山記」。
(9)「新撰和漢合図」。
(10)「相州文書」『遺文』三六五〜三七二。
(11)佐脇栄智『後北条氏の基礎研究』吉川弘文館、一九七六年。同『後北条氏と領国経営』吉川弘文館、一九九七年。池上裕子『戦国時代社会構造の研究』校倉書房、一九九九年。
(12)「安房妙本寺文書」『遺文』七〇二。
(13)『沼津市史』史料編、古代・中世、三一三頁解説、一九九六年。池上裕子、注(11)前掲書。
(14)藤木久志『村と領主の戦国世界』(東京大学出版会、一九九七年)二五一頁。

(15)勝俣鎮夫「葦の髄から天井のぞく」『山梨県史研究』六、一九九八年。黒田基樹「戦国大名の統一的税制確立の背景」『戦国史研究』四三、二〇〇二年。
(16)「種穂寺文書」『遺文』三八四。
(17)「大川文書」『遺文』三九一。
(18)「天野文書」『静岡県史』資料編中世二〇一四。
(19)「高白斎記」『静岡県史』資料編中世一九七二。
(20)「妙覚寺文書」『静岡県史』資料編中世一九七四。
(21)「鈴木弘氏所蔵文書」、「飯塚文書」『遺文』四〇九・四一〇。
(22)「武州文書」『遺文』四六六。
(23)「鳥海文書」『遺文』四五九・四六〇。
(24)『小田原市史』通史編中世。
(25)「藤田文書」『遺文』五二四。
(26)「本光寺文書」『遺文』五二六。
(27)「泉沢寺文書」『遺文』五二九。
(28)『続本朝通鑑』。
(29)「豊前文書」『遺文』五五三。
(30)「相州文書」『遺文』五五九・五六〇。
(31)「那須文書」『遺文』五六七。
(32)「白川文書」『神奈川県史』資料編中世三―七〇三九(弘治元年ヵ)。
(33)「海上八幡宮年代記」。
(34)「和光院和漢合運」。
(35)「勝山記」。
(36)「水口文書」『遺文』五七六。
(37)「岩櫃城伝記」『遺文』六一三。

(38)『小田原市史』通史編中世。
(39)「赤城山神社年代記」。
(40)「勝山記」。
(41)「上杉家文書」。
(42)「上杉年譜」六。
(43)「異本塔寺長帳」。
(44)「大川文書」『遺文』九四九。
(45)山口博「『武栄』印判状について」『小田原地方史研究』二二、二〇〇三年。
(46)黒田基樹「戦国大名印判状の性格について」『戦国史研究』三四、一九九七年。
(47)「三須文書」『遺文』六二三。
(48)則竹雄一「戦国期における『開発』について」『史海』三七、一九九〇年。
(49)「安房妙本寺文書」『遺文』七〇二。
(50)「網代文書」『遺文』六二四。
(51)「森文書」『遺文』六五二。
(52)「成仏寺文書」『古河市史』史料編九八七。
(53)「相州文書」『遺文』六三〇。
(54)「武州文書」『遺文』六三七。
(55)「相州文書」『遺文』六五六。
(56)「塔寺八幡宮長帳」。
(57)「上杉年譜」六。
(58)「上杉家文書」。
(59)則竹雄一「後北条氏領国下の徳政問題」『社会経済史学』五四―六、一九八九年。
(60)『神奈川県史』通史編中世、一九八一年。
(61)則竹雄一「大名領国下における年貢収取と村落」『歴史学研究』六五一、一九九三年。

(62)山口博「『三島酉町』と流質との関連をめぐって」『小田原地方史研究』一六、一九八八年。藤木久志「永禄三年徳政の背景」『戦国史研究』三一、一九九六年。
(63)藤木久志『新版　雑兵たちの戦場』(朝日選書)、二〇〇五年。
(64)「赤城山神社年代記」。
(65)「箱根神社文書」『遺文』七四二。
(66)「浦島文書」『遺文』七五一。
(67)「鷲宮神社文書」『遺文』七五七。
(68)「河井文書」『遺文』七七一。
(69)「潮田文書」『遺文』七七三。
(70)『遺文』七五四・七五六・七六五・七七二などを参照。
(71)「年代記配合抄」。
(72)「勝山記」。
(73)「塩野文書」『遺文』八〇九。
(74)「武州文書」『遺文』八七一。
(75)「宝林寺文書」『遺文』八六五。
(76)「細田文書」『遺文』八七三。
(77)「武州文書」『遺文』九〇七・九〇八。
(78)「言継卿記」。
(79)『群馬県史』資料編中世二二二五。
(80)「川口文書」『遺文』九三八。
(81)「和光院和漢合運」。
(82)「荘厳講執事帳」。
(83)「異本塔寺長帳」。
(84)「加納年代記」。

(85)「土屋氏所蔵文書」『遺文』九七四。
(86)アマルティア・セン著、黒崎卓・山崎幸治訳『貧困と飢饉』岩波書店、二〇〇〇年。藤木久志『飢餓と戦争の戦国を行く』(朝日選書)、二〇〇一年。なお、本書一章参照。
(87)「大川文書」『遺文』九七五。
(88)「諏訪大社文書」『遺文』武田氏編九六〇。
(89)「井出文書」『遺文』一〇五二。
(90)「三浦文書」『遺文』九七八。
(91)今井他「山村における親族と近隣」『社会学年報』一五、一九七四年。
(92)「荘厳講執事帳」。
(93)「畑田文書」。
(94)「年代記配合抄」。
(95)「諏訪大社文書」『遺文』武田氏編一〇二八。
(96)「大川文書」『遺文』一〇七二。
(97)「土屋文書」『遺文』一四〇二。
(98)「清田文書」『遺文』一一八四。
(99)「判物証文写今川」『遺文』一四七七。
(100)同右、『遺文』二〇三九。
(101)「八幡神社文書」『遺文』一六三九。
(102)「原文書」『遺文』一三六四。
(103)「岩田文書」他、『遺文』一三九三・九四。
(104)「植松文書」『遺文』一四八〇。
(105)「佐野文書」『遺文』一五一二。
(106)「西原文書」『遺文』一五一四。
(107)「塔寺八幡宮長帳」。

(108)「異本塔寺長帳」。
(109)「年代記配合抄」。
(110)「松雲公採集遺編類纂」『遺文』武田氏編一三〇一。
(111)「湯沢文書」『遺文』一四二一。
(112)「相州文書」『遺文』一三六九。
(113)「勝山記」。
(114)「武徳編年集成」。
(115)『山梨県史』資料編四—一一九一。
(116)「当代記」。
(117)「龍淵寺年代記」、「海上八幡宮年代記」。

四　戦場の村の記憶

(1)松浦郁郎校訂『清良記』佐川印刷（愛媛県宇和島市吉田町北小路）、一九七五年。二〇〇六年現在、印刷所にはまだ在庫がある。
(2)永井義瑩『近世農書「清良記」巻七の研究』清文堂、二〇〇三年。
(3)注（1）前掲書六六頁。
(4)藤木久志『雑兵たちの戦場』朝日新聞社、一九九五年。『新版　雑兵たちの戦場』（朝日選書）、二〇〇五年。
(5)注（1）前掲書の巻七上—1・10・11・12段、、巻十四下—8・12段、巻十七—9段、巻十八—1・2段、巻二十六—3段、巻二十七—4・5・6・10段、巻二十八—2段、巻二十九—4・5・6段、巻三十—4段。
(6)注（4）前掲書参照。
(7)注（4）前掲書、新版四〇頁。
(8)慶安元年（一六四八）「伊予国知行高郷村数帳」。

(9)藤木久志「増補：日本中世における日損・水損・風損・虫損・飢饉・疫病に関する情報」外園豊基編『日本中世における民衆の戦争と平和』所収、早稲田大学教育学部、二〇〇三年。なお、本書三章「戦国の村の退転」参照。
(10)本書二章「一向一揆と飢饉・戦争」参照。
(11)藤木久志『飢餓と戦争の戦国を行く』(朝日選書、二〇〇一年)三三頁参照。
(12)藤木久志「村の隠物」『村と領主の戦国世界』(東京大学出版会、一九九七年)一八二頁。
(13)吉藤郷内深田村、広見町内深田か、西園寺一族深田殿竹林院氏。
(14)土居三河守重宗、広見町。
(15)河野通正、中野殿、岡本城、三間町土居垣内。
(16)『清良記』付録「侍付」四二六頁。
(17)なお、先に外園豊基氏と行を共にした、宇和地方の現地調査では、幸いにも『清良記』校訂者の松浦郁郎氏にお目にかかり、同氏の持山でもある大森城山にご案内いただくことができた。さらに、愛媛県歴史文化博物館の石野弥栄・大本敬久・土居聡朋・山内治朋の各位にも、関連資料の見方や遺跡について、まことに貴重なご教示とご案内をいただいた。

五　戦国九州の村と城

(1)藤木久志『雑兵たちの戦場』朝日新聞社、一九九五年。『新版　雑兵たちの戦場』(朝日選書)、二〇〇五年。
(2)景轍玄蘇(博多聖福寺住職)「仙巣稿」『宗像市史』史料編二中世Ⅱ、四〇一。
(3)佐伯弘次「永禄六年の争乱と博多」『博多研究会誌』8、堀本一繁氏のご教示による。
(4)「八代日記」。
(5)「上井覚兼日記」天正十四年(一五八六)条。
(6)八月二日付、加藤主計頭・小西摂津守宛、豊臣秀吉朱印状「下川文書」三(『熊本県史料』中世編五)。なお、「立花文書」四一一(『福岡県史』近世史料編、柳川藩初期下)も同内容。

（7）天文三年（一五三四）二月十二日付、嶋頼延書状、大鳥居宛、「天満宮文書」（川添昭二編『大宰府・太宰府天満宮文書』14、三六四頁）。以下、本文書集の引用は、便宜上「大宰府史料」と略記する。
（8）元亀二年（一五七一）十二月十七日付、ぬまくち百姓中申状、三苫氏宛ヵ、「三苫文書」三四（三苫氏は香椎宮神官）。堀本一繁「〈史料紹介〉福岡市博物館所蔵『三苫文書』」『福岡市埋蔵文化財調査報告書』六二集『香椎B遺跡』、二〇〇〇年。
（9）「当年より乱入の内は、半納たるべく候」年不詳、怒留湯融泉直方奉書写、三苫式部太輔宛、「三苫文書」三〇。
（10）天満宮安楽寺上座坊言上状、「群類抄録」（「大宰府史料」14、二九八頁）。
（11）大内氏奉公人連署書状、満盛院宛、「満盛院文書」（「大宰府史料」14、三五六頁）。
（12）年未詳十一月十五日付、某書状、三苫式部少輔宛、「三苫文書」三八。
（13）天正十一年（一五八三）、「筑後柳河立花家譜」坤（「大宰府史料」16、六頁）。
（14）天正十二年「大友興廃記」十八（「大宰府史料」16、九九頁）。
（15）年未詳「北肥戦誌」二九（「大宰府史料」16、一一七頁）。
（16）天正十五年六月条「豊前覚書」（元和元年＝一六一五＝成立）、筥崎宮旧臣・城戸清種著、川添昭二・福岡古文書を読む会校訂『筑前／博多史料豊前覚書』文献出版、一九八〇年。「大宰府史料」17、八六頁参照。
（17）「土気古城再興伝来記」。外山信司氏のご教示による。
（18）天正八年二月二日以前、「豊前覚書」5、二八頁。
（19）天正十年「豊前覚書」5、三三頁。
（20）年未詳「筑後将士軍談」十六（「大宰府史料」16、二三二頁）。
（21）天正十年「改正原田記」七、「戸次軍談」からの引用（「大宰府史料」16、一〇頁）。
（22）「改正原田記」。堀本一繁氏のご教示による。
（23）『筑前国続風土記拾遺』巻之十二、中原村、『福岡県地理全誌』五、四小区四村之内中原村。なお、現地の地籍図とその復元には、石橋新次氏の懇切なご教示を得た。
（24）図は地籍図を基にした、石橋新次氏作成のトレース図を下図として、その主な外郭だけを埼玉県立博物館の水口由紀子氏に作図していただいた。
(25)天正六年（一五七八）十二月付「豊前覚書」5、一二三頁。
(26)永禄四年（一五六一）「小田原記」。
(27)「申事条々手日記事抄」、「満盛院文書」（『大宰府史料』14、一二三二頁）。
(28)「手日記抄」、「筑前町村書上帳」（『大宰府史料』14、一二四一頁）。
(29)「天満宮文書」（『大宰府史料』14、三九二頁）。
(30)吉良国光編「明法寺榊文書」五—6・7、福岡市教育委員会、一九七八年。
(31)石田三成書状、「嶋井文書」（『大宰府史料』17、四七九頁）。
(32)「明法寺榊文書」。
(33)「明法寺榊文書」五—1・7。
(34)「明法寺榊文書」五—1。
(35)「明法寺榊文書」五—3・6。
(36)「明法寺榊文書」五—4・7。
(37)「明法寺榊文書」五—4。
(38)「明法寺榊文書」三—6。
(39)「明法寺榊文書」五—7。
(40)この西山五カ村や庄屋については、太田順三「北九州の戦国大名領下の村落とその支配」佐賀大学教養部『研究紀要』15や、川添昭二監修『福岡県の歴史』（光文社）木村忠夫執筆や、同監修『福岡県の歴史』（山川出版社）西谷正浩執筆にも論及されている。
(41)吉良国光「筑前相良郡脇山地方における村落の形成について」『福岡市埋蔵文化財調査報告書』二六九集『脇山』Ⅱ、一九九一年。同「中世における水利・耕地の開発・村落の形成」『九州史学』一二〇（一九八八年）を参照。
(42)「鳥飼文書」23・24。
(43)「明光寺文書」8・9。

(44)「下山門文書目録」1、「青木文書」。
(45)「豊前覚書」5、二四頁。
(46)木島孝之氏による立花山城縄張図（中西義昌編『歴史史料としての戦国期城郭』九州大学・服部英雄研究室、二〇〇一年）参照。
(47)「上井覚兼日記」。すでに堀本一繁氏は「肥前勝尾城主筑紫氏に関する基礎的考察」（『勝尾城下町遺跡』鳥栖市文化財調査報告書57、一九九九年、一二二頁）で、この日記の記事に注目し、領民も一丸となって籠城した事実を指摘されている。
(48)「上井覚兼日記」天正十四年七月十二日条。
(49)「豊前覚書」5、三〇頁。
(50)「筑前国続風土記」八（「大宰府天満宮史料」17、三三六頁）。

六　内戦のなかの村と町と城

(1)「千学集抜粋」『妙見信仰調査報告書』2。
(2)木内達彦他『本佐倉城跡発掘調査報告書』酒々井町、一九九五年。
(3)梁瀬裕一「房総の中世集落」浅野晴樹・斎藤慎一共編『中世東国の世界2、南関東』高志書院、二〇〇四年。
(4)佐藤廉也「自然の要塞としての森」『季刊民族学』一〇九特集（福井勝義編「人類はなぜ戦うのか」）、二〇〇四年。
(5)『千葉県史料』中世篇・県外文書三九二・古文書、同五四九・「鑁阿寺文書」同五五〇・「原文書」。以下『千葉県史料』は県外三九二のように略記する。
(6)「小幡文書」『戦国遺文』後北条氏編二八九九、以下、『遺文』と略記する。
(7)小笠原長和「千葉氏の佐倉築城とその滅亡」『日本歴史』四七五、一九八七年。
(8)山口博「北条氏直花押の変遷について」『おだわら—歴史と文化』3、一九八九年。
(9)藤木久志『豊臣平和令と戦国社会』東京大学出版会　一九八五年。

(10)「原文書」『遺文』三三八七。
(11)「原文書」『遺文』三四八〇、黒田基樹「後北条氏における支城領の形成過程—下総佐倉領の場合」『佐倉市史研究』八、一九八八年。
(12)外山信司「戦国期の佐倉についての覚え書き—本佐倉城とその城下をめぐって」『佐倉市史研究』九、一九九〇年。
(13)木内他、注(2)前掲書、一九九五年。
(14)豊臣方の観測による総軍勢「さくらの城　三千騎」、「北条家人数覚書」、「毛利家文書」。
(15)「妙本寺文書」『千葉県の歴史』資料編中世3、『千葉県史』16、一〇頁。以下、県史16—一〇頁と略記する。
(16)「清水文書」『遺文』一八〇一。
(17)「秋山仙一家文書」県史16—九三四頁。
(18)山本浩樹「放火・稲薙・麦薙と戦国社会」『日本歴史』五二一、一九九一年。
(19)『静岡県史』資料編中世三—一九四。
(20)同右、中世四—一六六五。
(21)「原文書」県外八二三。
(22)「藻原寺文書」県史16—八三四頁。
(23)「円蔵院文書」『千葉県史料』中世篇・諸家文書一七〇、以下、諸家一七〇と略記する。
(24)『改訂房総叢書』二。
(25)「北条五代記」巻九—三『史籍集覧』。
(26)『改訂房総叢書』二。
(27)『改訂房総叢書』二。
(28)「島津家文書」一—三七一。
(29)「浅野家文書」一八。
(30)注(4)前掲書。

(31)「原文書」県外八二三。
(32)「宝珠院文書」県史16―九二八頁。
(33)「円蔵院文書」諸家一七〇。
(34)「六角氏式目」二二条、『中世法制史料集』三。
(35)松田凡「戦う相手は敵か、隣人か」『季刊民族学』一〇九、前掲注（4）参照。
(36)「九条家文書」二三二。
(37)「九条家文書」一五六。
(38)藤木久志「戦国民衆の城籠り」宇田川武久・藤木共編『攻撃と防禦の軌跡』「人類にとって戦争とは」4、東洋書林、二〇〇二年。
(39)「古沢正臣氏所蔵文書」、井原今朝男『中世のいくさ・祭・外国との交わり』校倉書房、一九九九年。
(40)「諸家古案」、『遺文』後北条氏編四三七三。
(41)「園城寺文書」一三四、高木徳郎「中世における環境管理と惣村の成立」『歴史学研究』七八一、二〇〇三年。
(42)伊禮正雄「両総における中世城址について」『千葉県の歴史』15、一九七八年。外山信司氏のご教示による。
(43)平城照介「カール大帝とフランク王国の軍隊」第五章、木村尚三郎編『中世と騎士の戦争』講談社、一九八五年。
(44)張替清司「戦国期惣構の再検討―城下を『囲う』行為について」『青山考古』21、二〇〇四年。
(45)以上、惣構については、柴田龍司「下総本佐倉城について―『惣構』の検討」（シンポジウム「戦国期城下町と城」『帝京大学山梨文化財研究所研究報告』3、一九九〇年）・同「村落型城郭から都市型城郭へ」（『千葉城郭研究』3、一九九四年）・木内他、注(2)前掲書・外山信司「本佐倉城跡と発掘調査」（『ふるさと歴史読本　中世の佐倉』佐倉市史編さん室、二〇〇〇年）。
(46)注(1)前掲書を参照。
(47)外山信司「戦国期の佐倉の人々」『千葉県の歴史』36、一九八八年。

(48)小葉田淳編「大和田近江重清日記」・藤木久志『戦国大名の権力構造』第Ⅳ章、吉川弘文館、一九八七年。なお、杉森玲子『近世日本の商人と都市社会』（東京大学出版会、二〇〇六年）二一一～二一三頁参照。
(49)千葉重臣の原胤長宛、天正十七年（推定）、『遺文』三四八四。
(50)「関宿会田睦子家文書」『遺文』一八七一。
(51)小笠原長和「東国史の舞台としての利根川・常陸川水脈」東国戦国史研究会編『関東中心戦国史論集』名著出版、一九八〇年。
(52)注(12)前掲書
(53)外山信司「戦国末期の本佐倉―城下集落の人々と後北条氏」『中世房総の権力と社会』高科書店、一九九一年。
(54)『遺文』四一四二・四一四三。
(55)青柳文書『酒々井町史』通史編上、五一二頁。

七　戦国比企の城と村

(1)村上伸二「杉山城跡」埼玉県立歴史資料館編『戦国の城』高志書院、二〇〇五年。
(2)西股総生「比企地方における城郭の個性」注（1）前掲書所収。
(3)大田賢一「松山城跡」注（1）前掲書所収。
(4)注（1）前掲論文。
(5)石川安司「石造りの山城」注（1）前掲書所収・同「比企西部の石積みを持つ戦国期城郭」『比企丘陵』五、二〇〇五年。
(6)注（1）前掲論文。
(7)梁瀬裕一「房総の中世集落」浅野晴樹・斎藤慎一編『中世東国の世界2、南関東』高志書院、二〇〇四年。
(8)「浄蓮寺文書」『戦国遺文』後北条氏編三八一五。以下、『遺文』と略記する。
(9)「慈光寺略記」、梅沢太久夫『中世北武蔵の城』岩田書院、二〇〇三年。
(10)『遺文』後北条氏編四〇〇四。

(11)『遺文』二九三六。
(12)『遺文』二六三六。
(13)「長年寺文書」。
(14)藤木久志『新版 雑兵たちの戦場』(朝日選書)、二〇〇五年。
(15)上田憲定印判状(本郷町人衆/新宿・本宿共ニ宛)『東松山市史』資料編2、一〇四六、一九八二年。
(16)『東松山市史』資料編2、一〇五五。
(17)「関八州古戦録」十八、『東松山市史』資料編2、一〇五八。
(18)『埼玉県史』資料編中世一五五四。
(19)「浅野家文書」。
(20)『騎西町史』資料編二六六。
(21)『嵐山町誌』。原本は伝来していたが、いまは行方不明。
(22)小鷹健吾『郷土玉川村史』一九三六年。
(23)『小川町の歴史』二九九。
(24)「九条家文書」一五六。
(25)「東寺百合文書」ゆ39他。
(26)「箕輪覚書」。
(27)「豊後国古城蹟幷海陸路程」垣本言雄抜訂『大分県郷土史料集成地誌編』臨川書店、一九七三年。
(28)梅沢太久夫「比企郡嵐山町谷ツ遺跡」埼玉県埋文事業団、二〇〇二年。
(29)『東松山市史』資料編2、一〇四六。以下、史料番号のみを本文の史料ごとに付記する。
(30)注(29)前掲。一〇〇八、天正十四年二月晦日、本郷新市場宛、上田憲定制札、「武州文書」(松山町要所所蔵)。
(31)注(29)前掲。一〇三九、天正十七年十二月二十一日、上田憲定印判状(ならぬなし宛)。
(32)梅沢太久夫『武蔵松山城主上田氏』さきたま出版会、二〇〇六年。
(33)『東松山市の歴史』上巻、一九八五年。

(34)注（1）前掲書。
(35)『検証　比企の城　シンポジウム埼玉の戦国時代』史跡を活用した体験と学習の拠点形成事業実行委員会編、嵐山町（埼玉）、二〇〇五年。
(36)村上伸二・大田賢一・石川安司、前掲注（1）・（3）・（5）論文。
(37)宮田毅　注（35）前掲書所収論文。
(38)橋口定志「東国の武士居館」注（1）前掲書所収論文。
(39)藤沢良祐　注（35）前掲書所収論文。
(40)斎藤慎一「中世東国の街道とその変遷」注（1）前掲書所収論文。
(41)注（32）前掲書参照。
(42)注（2）前掲論文。

八　山城停止令の発見

(1)近世初期の城破《しろわり》に詳しい福田千鶴氏のご教示による。
(2)『越後野志』刊本は上下二巻、越後野志刊行会、一九三六年。
(3)『図説中世城郭事典』二、新人物往来社、一九八七年。
(4)本章は、①「山城停止令のこと」（『戦国史研究』三三、一九九七年）、②「山城停止令の伝承を訪ねて」（『史苑』59―2、一九九九年）、③「山城停止令の伝承」（『城破りの考古学』吉川弘文館、二〇〇一年）、④「山城停止令の伝承六題」（『日本歴史』六五七、二〇〇三年）と、少しずつ積み重ねてきた四編の旧稿を、新たな視点から加筆して、まとめ直した。
(5)福田千鶴氏のご教示による。
(6)以下は上越市教育委員会の小島幸雄氏のご教示による。
(7)中沢肇氏著『越後福島城史話』北越出版、一九八二年。
(8)上越市寺町の本誓寺所蔵「本誓寺文書」のうち「越後本誓寺由緒鑑」（「由緒鑑」の記事の下限は元禄期）一九五九年度『高田市文化財調査報告書　石山合戦関係史料』所収。

(9)「佐藤家文書」上越市立高田図書館所蔵。
(10)春日山城下の春日神社所蔵。
(11)「福永家文書」(記事の下限は明治四年)、上越市立高田図書館所蔵、福原圭一氏のご教示による。
(12)延享元年(一七四四)、森知及書写「越後暦(歴)代領主考記」堀秀治の項、福原圭一氏のご教示による。
(13)中世城郭史の関口和也氏のご教示による。
(14)「縄寄録書」富屋史研究会編『明日に伝えたい富屋の郷土誌』一九九七年。
(15)「佐野岩崎系譜」『佐野市史』。白峰旬氏のご教示による。
(16)加藤隆『幕藩体制と城郭』近世日本城郭研究所、一九八三年。白峰旬氏のご教示による。
(17)『続群書類従』22上。
(18)「下野唐沢山城の縄張りについて」『中世城郭研究』11、一九九七年。
(19)江田郁夫氏のご教示による。
(20)『下野国近世初期文書集成』第三巻。
(21)江田郁夫「中世の下野国安蘇郡天命について」『栃木県立文書館紀要』四、二〇〇〇年。
(22)福田千鶴氏のご示唆による。
(23)『福島県史料集成』第四輯所収。小林清治氏のご教示による。
(24)佐竹義宣書状写「秋田藩家蔵文書」二〇、佐伯正広「南奥の中世城館」(第14回全国城郭研究者セミナー報告、一九九七年)による。
(25)荒川善夫氏のご教示による。
(26)「士林証文」三『関城町史』史料編Ⅲ。
(27)山口市宮野下、木梨亮一氏所蔵、『新修尾道市史』第一巻、六五八頁。舘鼻誠氏のご教示による。
(28)馬屋原呂平重帯著、文化五年成立、得能正通編「備後叢書」八所収。
(29)尾崎聡氏のご教示による。
(30)広島・岡山編、新人物往来社、一九八〇年。
(31)標高六四〇メートル、比高一四〇メートル、広島県神石郡三和村小畠字久木(現・神石高原町)。

(32)注(28)前掲書巻五十六、八。
(33)標高一九一メートル、比高一七〇メートル、広島県福山市相方字城山。
(34)注(28)前掲書八、二七頁。
(35)曲輪数三五以上、海抜約七八～一一五メートル、岡山県小田郡矢掛町。『岡山県文化財報告16、一九八六』、尾崎聡氏のご教示による。
(36)「古戦場備中府志」『吉備群書集成』五。
(37)『鴨方城主細川公由緒記』一九八五年。
(38)尾崎聡氏のご教示による。
(39)佐賀県唐津市。
(40)『松浦叢書』第二巻に収める幕末の写。木島孝之氏のご教示による。
(41)『城郭の縄張り構造と大名権力』九州大学出版会、二〇〇一年。
(42)小林清治『秀吉権力の形成』東京大学出版会、一九九四年。
(43)「毛利家文書」九四九。
(44)注(28)前掲書八、二七頁。
(45)松浦郁郎校訂、佐川印刷、一九七五年。原本は伝存しないが、十七世紀中ごろの成立とされる。伊藤正義氏のご教示による。
(46)愛媛県北宇和郡(現・宇和島市)三間町元宗。
(47)『図説中世城郭事典』三、注(3)前掲書。
(48)秋田書店、一九七〇年。白峰旬氏のご教示による。
(49)高志書院、二〇〇六年、六八～六九頁、本沢盛淳『滝の山と長谷堂城』(一九七八年)、長井政太郎『本沢村誌』(一九五七年)、小野忍「尾浦城」『日本城郭大系』三、一九八一年。
(50)「頼み証文と地域社会」『東洋大学文学部紀要』59集史学科篇31、二〇〇六年、八六頁。

あとがき

この文集は、かつての「戦国の村シリーズ」に続く、「飢餓と戦争シリーズ」という、私の次の宿題の一環である。

先の『飢餓と戦争の戦国を行く』（朝日選書、二〇〇一年）につぐ、新しい連作のつもりで、『土一揆と城の戦国を行く』と呼ぶことにした。

先に書き下ろしの『刀狩り』（岩波新書、二〇〇五年）をまとめ終えると、私はここ数年の間に書いてきた小品から選んで、こんどは文集をまとめることにした。「土一揆と戦争」（一～四章）、「戦場の村と城」（五～八章）という、二つの主題にしぼって、懸命に推敲を重ねて、筋道が通るよう心がけた。

日本の戦国も「内戦」の時代であった、という厳しい史実と、いま世界に広がる内戦の実情にも想いをはせ、飢餓と戦争に焦点をしぼって、戦国の内戦の世を生きた人々の姿を通して、できるだけていねいに語りたかったからである。

かえりみると、『戦国の村を行く』（一九九七年）をはじめとする朝日選書「戦国を行く」シリーズの三冊目の文集になる。こんどもまた、選書編集長の岡恵里さんの、思いがけないご好意によって採用された。

編集の実務は、この本の編成から、細やかな助言にいたるまで、能登屋良子さんのお世話になった。能登屋さんとは、先の書き下ろしの『雑兵たちの戦場』（朝日新聞社、一九九五年）、『新版　雑兵たちの戦場』（朝日選書、二〇〇五年）の編集以来、三冊目のご縁である。

お二方のご尽力には、重ねて厚くお礼を申し上げたい。

藤木久志

二〇〇六年　新緑のころ

初出一覧

一　土一揆と村の暴力
「日本中世の土一揆と村の暴力」『暴力の地平を超えて』青木書店、二〇〇四年。

二　一向一揆と飢饉・戦争
「飢饉と戦争からみた一向一揆」『講座　蓮如』第一巻、平凡社、一九九六年。

三　戦国の村の退転——戦禍と災害の村
「戦国の村の退転——戦禍と災害の村」『定本・北条氏康』高志書院、二〇〇四年。

四　戦場の村の記憶
「戦場の村の記憶——『清良記』全三十巻を読む——」『荘園と村を歩く　Ⅱ』校倉書房、二〇〇四年。

五　戦国九州の村と城
「戦国九州の村と城」『七隈史学』第五号、二〇〇四年。

六　内戦のなかの村と町と城
「内戦の中の村と町と城」『城郭と中世の東国』高志書院、二〇〇五年。

七　戦国比企の城と村——シンポジウムに寄せて
「戦国比企の城と村」『戦国の城』高志書院、二〇〇五年。

八　山城停止令の発見
「山城停止令の発見」『城破りの考古学』吉川弘文館、二〇〇一年。

戦国期の災害年表——凶作・飢饉・疫病を中心に

（朝日選書777『新版・雑兵たちの戦場』より再録）

西暦	年号	災害情報（カッコ内は情報源と発信地域）
一四五〇	宝徳　二	諸国疫病流行、京都最甚（京都1）、九月大雪（甲斐2）
一四五一	宝徳　三	炎旱（大和1）、夏大雨洪水、洛中人多死（京都2）、北陸疱瘡流行（京都3）
一四五二	享徳　一	冬京都・北陸疱瘡流行、小児多死（京都3）
一四五三	享徳　二	洪水（能登）、北陸疱瘡流行（京都3）、天下太平徳政（京都2）
一四五四	享徳　三	夏長雨（京都4）、大風（能登）
一四五五	康正　一	兵革連続（改元）
一四五六	康正　二	大餓死（能登）
一四五七	長禄　一	病患旱損（改元）、旱損（大和1）
一四五八	長禄　二	旱魃（大和1）
一四五九	長禄　三	炎旱、凶作（大和1）
一四六〇	寛正　一	天下飢饉、疫病、餓死（京都2・3）、旱魃凶作（讃岐）、五穀不実（会津、出羽1）
一四六一	寛正　二	天下飢饉、疫病、炎旱、餓死数千人（京都、大和2、紀伊、能登、加賀、上野）
一四六四	寛正　五	天下兵乱起こる（京都2）
一四六五	寛正　六	六月旱魃、七月大風（肥前）、八月大風雨、大洪水（京都5）
一四六七	応仁　一	天下兵乱（改元）
一四六八	応仁　二	大洪水（紀伊）、大風、飢饉、疫癘、人多死（松前）
一四六九	文明　一	夏大風（上野）、蝦夷乱、飢饉、疫病、人多死（松前）
一四七一	文明　三	夏長雨・炎旱、天下疱瘡流行、人多死（京都6・7、上野、会津、松前）
一四七二	文明　四	大旱魃（京都6・7）、大旱魃、大飢饉（上野、佐渡、会津）
一四七三	文明　五	大旱魃（京都8）、大飢饉、餓死（甲斐2）
一四七四	文明　六	大旱魃、凶作（上野）
一四七五	文明　七	長雨大洪水（京都9）、疫病流行（京都3）、世上飢渇、人多死（上野）
一四七七	文明　九	飢饉無限、小児疫病（甲斐2）、諸国大乱（上野）
一四八一	文明一三	天下疫病流行、人多死（甲斐2）
一四八二	文明一四	大風洪水、凶作飢渇、人多死（甲斐2）、洪水（能登、上野）
一四八三	文明一五	疫病流行（甲斐2）、洪水（京都7）
一四八四	文明一六	大風（能登、常陸、会津）、麻疹流行、小児多死（常陸）
一四八五	文明一七	夏旱魃、秋大雨（大和3）、天下大疫、兵乱（能登）
一四八六	文明一八	天下大疫（甲斐1・2）、大風（能登）
一四八七	長享　一	火事、病事、兵革（改元）、疫病、人多死（甲斐2）
一四八八	長享　二	疫病流行、人多死（京都3・4・6、甲斐2）、牛馬多死、三日病（出羽1）

一四八九	延徳一	天変病事（改元）、疫病流行（京都5・6）、天下餓死（能登）、旱魃（常陸）
一四九〇	延徳二	大風雨、大飢饉、餓死無限（甲斐2）
一四九一	延徳三	天下疫病、人多死（紀伊、能登）
一四九二	明応一	天下疫病、飢饉、人多死（京都3・5・6、能登）、大飢饉、牛馬餓死無限（甲斐2）
一四九三	明応二	洪水（会津）
一四九四	明応三	旱魃、凶作（京都7、能登、会津）、洪水（肥後）、大地震（会津）
一四九五	明応四	大風洪水（京都2）、大風、飢饉（甲斐2）、鎌倉大地震（紀伊）
一四九六	明応五	諸国大旱魃（京都6、能登、会津）、大水大風、凶作（甲斐2、能登）
一四九八	明応七	諸国餓死（京都10、甲斐2）、大雨洪水（京都2・3）、天下大地震・津波（諸国）
一四九九	明応八	諸国大飢饉、疫癘流行、人多死（京都3・6、能登、甲斐、会津）
一五〇〇	明応九	長雨、天下疫病、人多死（京都6・10）、去年より九州飢饉餓死（肥前）
一五〇一	文亀一	天下大旱魃、飢饉、人多死（京都2、讃岐）、大旱魃、地震（会津）
一五〇二	文亀二	天下大洪水、人馬多死（京都10）、世中凶作（甲斐2）
一五〇三	文亀三	天下大旱魃、諸国大飢饉、餓死（京都3・10、紀伊、加賀、上野、日向）
一五〇四	永正一	炎旱連続（京都11）、天下大飢饉、餓死（京都10・12、紀伊、能登、甲斐2）
一五〇五	永正二	天下疫癘、多死（京都10・13、能登、甲斐2）、日本国大飢饉（会津）
一五〇六	永正三	諸国餓死（京都10）、諸国麻疹流行（上野）
一五〇七	永正四	諸国鼠多し（常陸）
一五〇八	永正五	長雨凶作（甲斐、会津）
一五一〇	永正七	長雨洪水（京都11）、大地震、遠江大津波（紀伊、能登、京都14）
一五一一	永正八	口痺流行、人民多死（甲斐2）、諸国洪水、不作（甲斐2）、飢饉（豊後）
一五一二	永正九	大飢饉、餓死（京都3・5・10）、疱瘡流行、小児多死（上野）
一五一三	永正一〇	諸国餓死（京都10）
一五一四	永正一一	春飢饉（京都15）、天下大旱魃、大地震（京都3・5）、夏大旱魃（会津、出羽1）
一五一五	永正一二	天下唐瘡（能登）、大風（紀伊）
一五一六	永正一三	甲斐大地震（甲斐2、京都5）、東海道四月大氷雨（上野）
一五一七	永正一四	天下大飢饉（京都16）、大雪、大洪水、五穀不熟（甲斐2、上野）、夏旱魃（常陸）
一五一八	永正一五	大旱魃（紀伊）、天下大飢饉、餓死（京都12・15、紀伊、甲斐1・2、上野、常陸）
一五一九	永正一六	日本国飢饉、餓死（京都3・5・10・15、越後1・2、甲斐2）、大地震（京都5）
一五二〇	永正一七	大雨水損（甲斐2）、大地震（紀伊）
一五二一	大永一	兵革天変（改元）
一五二二	大永二	畿内近国、痘瘡死去（京都10）
一五二三	大永三	都留郡大飢饉、小児疱瘡、死去（甲斐2）
一五二四	大永四	夏大旱魃（上野）

一五二八	享禄一	炎旱（京都13）、旱魃（甲斐2）、日照（会津）
一五二九	享禄二	三日病、日本国中牛死（出羽2）
一五三〇	享禄三	洛中洪水（京都7、上野）、夏長雨（駿河）、夏天下疫病、人畜多死（甲斐1）
一五三一	享禄四	洪水（肥後）、小児疱瘡無限（甲斐2）
一五三二	天文一	連年兵革（改元）、洪水（肥後）、春夏飢饉、餓死、天下日照、疱瘡（甲斐1・2）
一五三三	天文二	天下日照、小児疱瘡（甲斐2）、五月大雨（甲斐1、京都17）
一五三四	天文三	諸国疫病流行、人多死（京都12・15、紀伊、上野）、餓死、疫病（甲斐2）
一五三五	天文四	大旱魃（大和2、鎌倉、会津）、咳気流行多死（甲斐2）、大風（上野、常陸）
一五三六	天文五	夏長雨、餓死、疫病（甲斐2）、九月大風（肥後）
一五三七	天文六	疫病流行（若狭、甲斐2）、大風大水（肥後）
一五三八	天文七	大地震（紀伊、肥後）、春飢饉（甲斐2）、飢渇（出羽2）
一五三九	天文八	秋蝗害凶作（京都18）、炎旱（鎌倉）、洪水、九月雪降、凶作餓死（肥後、日向）
一五四〇	天文九	諸国大飢饉、疫病（京都15、甲斐2、上野）、大風（紀伊、甲斐2、陸奥、出羽）
一五四一	天文一〇	飢饉、餓死（伊勢、甲斐2）、大風大雨（紀伊、甲斐2、陸奥、肥後）
一五四二	天文一一	秋大風、餓死無限（甲斐2）、大雨洪水（肥後）
一五四四	天文一三	夏餓死無限（甲斐2、豊後）、近畿大洪水（紀伊、上野）
一五四五	天文一四	大旱（大和2、甲斐2）、春飢饉（甲斐2）
一五四六	天文一五	大雨水損、餓死（甲斐2）、大風（会津）、地震（肥後）
一五四九	天文一八	地震（甲斐2）
一五五〇	天文一九	大風、世間餓死無限（甲斐2）、白土降る（上野）、洪水（会津）
一五五一	天文二〇	春中餓死無限（甲斐2）、天下大乱（上野）、虫損不作、餓死、大水（肥後）
一五五二	天文二一	凶作、飢饉（甲斐2、豊後）
一五五三	天文二二	旱魃（甲斐2、肥後）、地震（肥後）
一五五四	天文二三	大旱魃、腹病多死、大風（甲斐2）、加賀白山噴火（美濃）
一五五五	弘治一	兵革（改元）、数年旱魃（遠江）、大雨洪水（肥後）
一五五六	弘治二	咳気流行、多死（京都19）、天下旱魃（常陸）
一五五七	弘治三	天下旱魃、近年無双の大飢饉（京都20、大和2、常陸）、大風不作（陸奥）
一五五八	永禄一	天下大旱魃、餓死（京都12・15、大和2、紀伊、上野、常陸、越後1）
一五五九	永禄二	大旱（京都18、肥後）、長雨、二年荒亡（越後1）、大洪水、三年病流行（甲斐2）
一五六〇	永禄三	水損不作、徳政（越後2）、旱魃・長雨、三年病（甲斐2）、疫病流行（上野）
一五六一	永禄四	天下大疫病、多死（加賀、能登、甲斐2、常陸、陸奥）
一五六二	永禄五	大疫、多死（能登）、稲皆損（甲斐2）、大洪水、水損前代未聞（肥後）
一五六三	永禄六	麦大風損（甲斐2）、大水損（甲斐2）、大地震、大洪水（常陸）、高潮（肥後）
一五六四	永禄七	大洪水（肥後）

一五六五	永禄八	諸国不熟、万民餓死（**美濃**）、長雨、不作、飢饉（**上野、常陸、陸奥**）
一五六六	永禄九	夏霜大飢饉、天下三分一死（**京都22**）、旱魃凶作（**肥前**）、飢饉、人畜多死（**陸奥**）
一五六七	永禄一〇	大旱魃（**大和4**）、大飢饉、餓死（**会津**）
一五六九	永禄一二	三月大霰（**紀伊**）、四月大雪（**陸奥**）
一五七〇	元亀一	七月大風（**会津**）
一五七一	元亀二	大疫、疱瘡、小児多死（**能登**）
一五七二	元亀三	三〜五月霜雹霰（**京都23、美濃**）、地震（**京都23**）
一五七三	天正一	八月大風（**京都23**）、旱魃、徳政（**会津**）
一五七四	天正二	八月霜降、五穀不熟（**上野**）
一五七五	天正三	地震（**常陸**）
一五七七	天正五	大疫病（**能登**）、地震（**上野**）
一五八〇	天正八	諸国大疫病、多死（**京都12・15**）
一五八三	天正一一	大水（**京都23**）
一五八四	天正一二	大地震（**京都22、上野**）、大旱魃（**和泉**）
一五八五	天正一三	大飢饉（**京都24**）、大洪水、地震、人畜多死（**京都24、紀伊、美濃**）
一五八六	天正一四	地震（**上野**）
一五八七	天正一五	二〜六月大雨、不熟（**陸奥**）
一五八八	天正一六	七月大雪（**美濃**）、篠の実成る（**上野**）
一五九〇	天正一八	八月大風（**能登**）

情報源

【改元】続史愚抄・皇年代私記　**【松前】**北海道志　**【陸奥】**正法寺年譜　**【出羽】**1羽黒山年代記・2砂越年代記　**【会津】**塔寺長帳　**【常陸】**和光院和漢合運　**【上野】**赤城山年代記　**【鎌倉】**快元僧都記　**【越後】**1上杉年譜・2上杉家文書　**【佐渡】**赤泊村誌　**【能登】**永光寺年代記　**【加賀】**産福寺年代記　**【美濃】**荘厳講執事帳　**【甲斐】**1向嶽菴年代記・2勝山記（妙法寺記）　**【駿河】**宗長日記　**【遠江】**三浦文書　**【伊勢】**皇継年序　**【若狭】**若狭守護年数　**【京都】**1南方紀伝・2立川寺年代記・3年代記抄・4享徳記・5暦仁以来年代記・6親長卿記・7続史愚抄・8新撰和漢合運・9和漢合符・10東寺過去帳・11実隆公記・12皇年代略記・13二水記・14重編応仁記・15分類本朝年代記・16年代記首書・17祇園執行日記・18厳助記・19雍州府志・20続応仁後記・21細川両家記・22享禄以来年代記・23永禄以来年代記・24逸史　**【和泉】**宇野主水日記　**【紀伊】**熊野年代記　**【讃岐】**讃岐国大日記　**【肥前】**北肥戦志　**【肥後】**八代日記　**【日向】**日向記　**【豊後】**清末文書　**【大和】**1大乗院寺社雑事記・2興福寺略年代記・3法隆寺文書・4多聞院日記

藤木久志（ふじき・ひさし）
1933年，新潟県生まれ。新潟大学卒業・東北大学大学院修了。現在，立教大学名誉教授。文学博士。日本中世史専攻。主な著書に『豊臣平和令と戦国社会』（東京大学出版会），『戦国の作法』（平凡社ライブラリー），『戦国史をみる目』（校倉書房），『村と領主の戦国世界』（東京大学出版会），『戦国の村を行く』『飢餓と戦争の戦国を行く』『新版　雑兵たちの戦場』（以上、朝日選書），『刀狩り』（岩波新書）など。

朝日選書 808

土一揆と城の戦国を行く

2006年10月25日　第1刷発行

著者　藤木久志

発行者　花井正和

発行所　朝日新聞社
〒104-8011　東京都中央区築地5-3-2
電話・03（3545）0131（代）
編集・書籍編集部　販売・出版販売部
振替・00190-0-155414

印刷所　大日本印刷

ISBN4-02-259908-1
定価はカバーに表示してあります。

歴史和解の旅
対立の過去から共生の未来へ
船橋洋一
国家や民族にとって、真の和解・赦しあいとは？

勝負師
内藤國雄／米長邦雄
二人のクニオ・二人の勝負師が語る盤上を駆けた人生

世界遺産 吉野・高野・熊野をゆく
霊場と参詣の道
小山靖憲
「日本人の心のふるさと」、古道の魅力に迫る

笑いの歌舞伎史
荻田 清
歌舞伎の忘れられた一面、「笑い」に迫る！

asahi sensho

女性天皇論
象徴天皇制とニッポンの未来
中野正志
迫り来る「皇室の危機」に現実的解決策を提言

官邸外交
政治リーダーシップの行方
信田智人
日本の権力中枢、「官邸」を徹底的に分析

中学生からの作文技術
本多勝一
ロングセラー『日本語の作文技術』、ビギナー版

政治は技術にどうかかわってきたか
人間を真に幸せにする「社会の技術」
森谷正規
人類のため、あるべき技術の「明日」を探る

自ら逝ったあなた、遺された私
家族の自死と向きあう
平山正実監修／グリーフケア・サポートプラザ編
遺族が人生を取り戻すために必要なこととは？

報道電報検閲秘史
丸亀郵便局の日露戦争
竹山恭二
電報と戦場の兵からの手紙が「日露戦争」を解き明かす

ブレアのイラク戦争
イギリスの世界戦略
梅川正美／阪野智一編著
イラク政策での対米追随から見える、イギリス政治のいま

「企業価値」はこうして創られる
IR（インベスター・リレーションズ）入門
本多　淳
組織の危機管理に役立つ、IRのノウハウ満載の入門書

asahi sensho

兵士であること
動員と従軍の精神史
鹿野政直
近現代史研究の第一人者が見つめた戦争の本質

ネアンデルタール人の正体
彼らの「悩み」に迫る
赤澤威編著
化石が明かす最新のネアンデルタール像に迫る

土地の値段はこう決まる
井上明義
「業界を変えた」といわれる著者が地価のこれからを分析

脳はどこまでわかったか
井原康夫編著
脳の不思議について、最前線の脳研究者が疑問に答える

ASAHI
SENSHO